JN079967

「新書」から気づく

公務員の職員力

公共の仕事の意味を考える力

三宅 正伸 著

晃洋書房

ii

創り出す力が公務員の職員力と考えるのです．「法律を変えないとそれはできません．その法律を遂行していくことが私の仕事です」と対処することは，ある意味では正しいことかも知れませんが，それでは地域で生じている問題の解決とはならずに，地域住民にとっては決して善いこととは考えられないでしょう．

　地域で生じている課題を簡単に解決するようなスーパー公務員やカリスマ公務員は，役所内で評価されていてもむしろ危険な存在といえるかも知れません．必要としているのは決して短期的成果を求める個人能力ではありません．むしろ長期的な成果のための集団能力が求められるのです．世間一般で正解と思われていることを選択することで十分なのです．行政と住民の関係は持続的でないと，その場限りの解決方法になってしまいます．公務員の世界において個性的な選択をする者は異端といわれます．しかしながら，これからの不確実性の世界では自分はどう考えているかを自問しなければなりません．世間を自分の基準に合わせるぐらいの馬力を必要とします．当然，そのような個性的な公務員を評価すべきなのですが，今度は役所からは危険人物視されます．このスーパー公務員でなくても個性的な公務員でなくてはいけないことはある種の矛盾です．例え話で言えば，下手な筆遣いは習字では悪いことなのですが，書道では評価されるかも知れません．そのような一言で正しいか正しくないか，さらに善いか悪いかをいえない公務員の職員力について，新書を手がかりに進めていきたいと考えます．

　　2020年7月

　　　　　　　　　　　　　　　　　　　　　　三　宅　正　伸

は じ め に

　2013年12月に『「新書」から学ぶ公務員の教養力——公共の仕事の流儀を変える力——』, さらに2017年4月に『「新書」から考える公務員の地域創生力——公共の仕事の視点を変える力——』(いずれも市民科学研究所発行・晃洋書房発売) を上梓しましたところ, 幸いにもご意見などを賜ることができて恐縮しております. 今回, 以上の2つの完結編ともいえる自治体職員人的資源管理に論及することになりました.

　およそ公共の仕事には正解がありません. 各自が答えを求める試みを行なうわけですが, そのことが正しくて善いことであると断言できる自信がありません. そもそも正しいことと善いことは意味合いが違います. たとえば, 整形外科医が施術するときに, 依頼者より「美人にして欲しい」と言われた場合, その医師の美的感覚で「これが美人」と言ったとしても, 依頼者がそのように思わなければ手術は失敗です. そのために「鼻をどのぐらい高くしましょう」と, 施術前に数値を聞くはずです. 「お任せします」と言われたならば, 世間一般に通用する美人の基準と依頼者の状況をすり合わせて, 「これぐらいにすると美人と言われますよ」と, 同意を求めてくるはずです. また, この同意とは後に訴訟を起こされないための防御でもあるのです. 公共の仕事も以上のことと通じるところがあります. つまり, 正解などなくて全部が正解なのかも知れませんが, 公務員が正しいと考えていることが, 地域住民にとって善いこととは限りません. それならば, それなりの目標数値を地域住民に示した上で同意を求めなくてはなりません. もちろん公務員は法律遵守ですから, 地域住民がその法律こそがおかしいと言い出せば, ただちにジレンマに陥ります. 現場の公務員は現実があって法律が定められることを十分承知していますから, その法律が現実から乖離しかけていることも体感しているがゆえでのことなのです. 地域住民の意見を聞いた上で実質的に現実に合わせるか, それとも形式的に法律を優先するかのジレンマです. 自治体職員のような現場の公務員に就職きた後に, このことが最初に遭遇する問題といえます. そこでその重圧にひるまずに自分を見失わずに判断できる力が教養力であって, 正しく善い地域社会を

目　　次

はじめに

序　章　職員力の成果は地域にある ……………………………… 1

また，また，なぜこれを書くのか　　(1)

ヒトの地域循環による内発的発展　　(2)

伝統的な共同体とは村落共同体のことか？　　(4)

農業の6次産業化への地域デザイン　　(5)

商業，商店街と地域デザイン　　(7)

地域デザインにおける大学の役割　　(9)

活躍する地域人材と活用される行政人材　　(10)

第1章　公務員とは ……………………………………………… 12

1．公務員がやらねば誰がやる　　(13)
　　　　——太田肇『公務員革命』ちくま新書，2011年

2．仕事に哲学を持て　　(15)
　　　　——中野雅至『肚の据わった公務員になる！』朝日新書，2014年

3．公務員の虎の巻　　(19)
　　　　——久保田勇夫『新装版　役人道入門』中公新書ラクレ，2018年

4．教員も子どもと一緒に学んでいる　　(22)
　　　　——林純次『残念な教員』光文社新書，2015年

5．権力を有するがゆえの陥穽　　(24)
　　　　——古野まほろ『残念な警察官』光文社新書，2016年

第2章 あるべき公務員という生き方 ················· 28

6. 階級社会の極致 （28）
　　——廣幡賢一『自衛官という生き方』イースト新書，2018年

7. 刑事ドラマと相違する現実 （31）
　　——久保正行『警察官という生き方』イースト新書，2019年

8. 先生と呼ばれることへの責任 （33）
　　——鹿嶋真弓『教師という生き方』イースト新書，2017年

9. 子育てと子育てという職業の両立 （36）
　　——井上さく子『保育士という生き方』イースト新書，2018年

第3章 型にはまらない公務員 ··················· 39

10. 地域のセールスマンを目指す （40）
　　——高野誠鮮『ローマ法王に米を食べさせた男』講談社＋α新書，2015年

11. お前はあほかと言われても （42）
　　——円城寺雄介『県庁そろそろクビですか？』小学館新書，2016年

12. 本当に辞めた （45）
　　—— HARU『グッバイ公務員』京阪奈新書，2018年

13. チームでの成果を （48）
　　——熊本県庁チームくまモン『くまモンの秘密』幻冬舎新書，2013年

第4章 公務員は気楽な稼業か ··················· 51

14. 公務員は既に認知症 （52）
　　——長谷川嘉哉『公務員はなぜ認知症になりやすいのか』幻冬舎新書，2013年

15. 転職できる公務員になれ （54）
　　—— 山本直治『公務員，辞めたらどうする？』PHP新書，2007年

16. 黙っていられない反論あり （57）
　　——若林亜紀『公務員の異常な世界』幻冬舎新書，2008年

第5章　首長の言い分は何か …………………………………… 60

17. 公務員は無能なのか　　（61）
　　——熊谷俊人『公務員ってなんだ？』ワニブックス PLUS 新書，2012年

18. 人口増と税収増を達成するには　　（63）
　　——湯浅誠ほか『子どもが増えた！』光文社新書，2019年

19. 都市計画とまちづくりの関係　　（66）
　　——山出保『まちづくり都市金沢』岩波新書，2018年

終　章　職員力をまちづくりに取り入れる …………………… 69

市民による21世紀型地域経営ネットワーク　　（69）

地域の核としての学校　　（70）

社会的企業としての地域永続企業　　（72）

非営利組織であるテーマ別 NPO などの市民団体　　（74）

市民が中心の地域社会　　（75）

衰退は悪いことなのか　　（78）

自治体職員としての誇り　　（79）

市民的行政経営は可能か　　（80）

おわりに

序章　職員力の成果は地域にある

また，また，なぜこれを書くのか

　ドラッカーの説では成果は外にあることを指摘しています．考えて見れば当たり前のことです．社会をよくするために組織にて行動する個人がいます．個人は社会に対してよい影響を与えたことを組織にて評価されるために，成果は組織内にあるように感じますが，実のところはその成果は組織の外の社会にあるわけです．公務員の職員力とは社会に対する成果を目的としているわけで，役所内における公務員組織の変革や人材活性化はそのための手段にすぎないのです．このことを実感している公務員は意外に少なく，目の前の仕事の処理で精一杯なのが実情です．

　公務員の多くは，頭の中では以上のことは認識できていますが，目の前の仕事を何のためにこなしているのかなどを落ち着いて考えてみる時間がありません．手段が目的化されて，生活の糧を得るために時間拘束されているだけの「やらされ感」に陥っている公務員も多数です．逆に，**自己効力感**（カナダの心理学者バンデューラの説で自分の可能性を認知しているある種の自信）が先走ってしまって，プラスの方向かマイナスの方向かを見失いつつ連日深夜まで仕事三昧の公務員も少なくありません．社会をよくする方向でなかったら，善意の連日残業は電気代の無駄にすぎません．簡単な話で例示しますと，納税を担当している職員は税金を納めさせればよいのではなく，納税することの意味を納得した上で納めていただく必要があります．税を徴収する意味は借金取立てとは違うのですから，これは当たり前のことですが徴収率という数字に縛られてしまいます．そんなことは綺麗事と考えてしまうことよりも，そこで「何でだろう？」という問題意識が重要なところなのです．

　なお，この小冊子には前書，前々書同様に注記はありません．注記を読むことで文脈が途切れることを避けるためです．**太字**で表示した語句には説明を入れました．後で辞書やインターネットで確認してください．それが学ぶことに

も通じることになります．また，本書は掲載した新書の紹介本でも書評でもありません．筆者なりの各新書の核心と思われる内容の独自解釈の批判書です．批判には肯定も否定も含んでいます．各新書の著者からは誤読と指摘されることも覚悟の上で書いております．また，読者からは筆者の解釈は間違いだとの指摘をいただければ幸甚です．筆者はそのような批判力こそが教養力と考えていますし，その教養力を駆使して地域創生に当たられることが職員力とも考えています．地域創生と地方創生は何が相違しているのかを考えることも，決して時間の無駄ではないと思います．そのようなところに問題意識が潜んでいます．現実に地方と称されることへのアレルギーもあるわけで，なぜ拒絶感が生じるのかを考えることも問題意識です．また，筆者は公共性の強い仕事と営利を目的とする仕事においては，その人的資源管理は相違していると主張してきました．労務面での人の管理は共通との考えが多数派の中で，それを覆す論理を理解されることが困難であると考えられます．しかしながら，現実に生じていることを観察してみますと，営利組織の株式会社と非営利組織の役所やNPOとは，その合意形成に相違点を見つけることが可能なのです．それも大事な問題意識です．このことについては，やや学術的になりますが，拙著『自治体経営の人的資源管理』（晃洋書房）をお読みいただき，是非ともご意見などを賜れば幸いに存じます．つまり，「何でだろう？」の問題意識が組織の外にある矛盾を気づくきっかけとなります．それが認識できたならば，組織の内にある矛盾に行き着き，組織変革や人材活性化を図る行動が正当性を有することになると考えます．その源が「職員力」なのです．それが言いたくて本書を書くことになりました．

ヒトの地域循環による内発的発展

　いきなり難しい学術的用語が出てきましたが，これも職員力を考えるには当たり前のことなのです．市場にて供給量が不足している時代には，余程高い価格設定でない限りにおいて生産された商品は必ず売れます．砂漠で水を欲している感じです．ある程度商品が行き渡って**コモディティ化**（携帯電話のように大衆日用品化した商品）したときには少し考えなくてはなりません．大量生産大量消費と言いますが，実は大量消費を前提にした大量生産であったのです．やっ

と使いこなせるようになったときには新商品が出回ります．買い替えができる価格の商品ならばそれでよいのかも知れませんが，住宅のような一生に一度かも知れない高額商品となると，その地域で住みこなせる努力が必要となります．企業戦士であった団塊の世代の高齢者は，この住みこなす努力がなされていなかったために，職縁から切り離されて地域密着を強いられた今日においては，「そんなに老いぼれてない」と高齢者になっていることすら否定して生活されています．それはそれでよいのですが，地域で何か困ったことをみんなで解決していこうという意欲が少ないのが現状です．いずれにしても，市場経済における商品には限界があって，氷の中で生活するエスキモーに氷を売るにはどうすればよいのかを工夫しているのが現状です．これらの地域密着人口となった団塊世代の人々は，家の中の風呂に入浴剤を入れて温泉気分を満喫している場合ではないのです．市場経済において健康を意識した商品がエスキモーの氷のごとく溢れています．しかしながら，その努力もむなしい結果になることが先人の事例から承知できます．すでに，「カネ持ち」や「モノ持ち」が謳歌した時代ではなくなっているのです．地域社会においては「ヒト持ち」が重要なところで，ヒトはカネやモノと交換できないのです．

　社会貢献とまでは言わなくとも，地域のために何かやってみようという意識はお持ちのようですが，具体的にどうすればよいのかが分かっておられないようです．男性はその傾向が強く，地域のことをよく知っている妻がたよりの生活です．地域開発のような大袈裟なことでなく，地域の持続的発展もしくは維持のためには，この団塊世代の高齢者，特に男性の潜在力が必要なのです．最初から独り者ではなくて妻がたよりの男性は，離婚や死別で独り暮らしを強いられた場合には孤立化します．行政や公務員の役割はこれらの人々を地域デビューにつなげることです．

　活躍の期待できる地域人材を育成することが行政人材の仕事と断言しても極論ではないと考えます．企業経営学から**社会経営学**（決して社会を経営するのではなく，社会の担い手を創造して社会を創る学び）の必要性がここに存在し，その内実が経営資源としてのヒトの地域循環による内発的発展もしくは維持に通じます．企業と個人の関係などは全体関係性の中の部分的な関係性であって，企業で培われた**経済合理性**（投入を最小にしてた最大の産出を得ること）は**社会合理性**（社会

をよい方向に導くインパクト）の一部にしかすぎないこと，つまり，大きな目的に対する手段でしかなかったことを自覚するには少し時間がかかりそうです．

伝統的な共同体とは村落共同体のことか？

　この命題には疑問符にさらに疑問符が付きます．村落共同体だけのことなのかと疑問符をつけることに疑問符が必要と考えています．むしろ，都市共同体のほうが伝統的ともいえるのです．独自の地域性と伝統的な共同性は旧市街地でも強い傾向を認めることができます．農村での村落共同体は田植えのときなどの「ユイ」，これは各戸がその能力に応じての互酬性です．また，頼母子講などの「モヤイ」は再分配の手法として今なお生きています．さらに，労役に対する反対給付としてのお駄賃がある「テツダイ」などは，機械化された農業の中でも伝統的な共同性と考えられます．農村だけでなく都市共同体においても祭礼などでは同じような仕組みが生じて，それに従うことによって共同体の一員と認められます．それが応能か応益かは難しいところですが，金銭的な寄付などは多からず少なからずの世間体による一律相場で考えられています．労役に対しては学生アルバイトを雇うような大きな祭りもありますが，基本的には各戸持ち回りで役目を果たします．また，子供神輿などでの上級生は義務感によって参加していることと考えられます．

　都市共同体でも村落共同体に負けないような同調圧力があり，それに従わないような者の移住を認めないような文化風土もあったようですが，共同体地域への出入りが自由になった今日では薄れてきたと言われています．住居を自由に選択するのは基本的人権と考えられます．町内会や自治会の組織率や加入率の低下がそのことを裏付けていますし，今後，外国人居住者が労働者として増加してきたときには存在理由すら問われる状況になると考えられます．自治会費負担はお付き合いとして仕方がないと考えても，役員となって時間を拘束されることを嫌うならば，はじめから自治会を作らなかったり加入しなかったりすればよいのです．昔は加入しない世帯は変わった人との圧力がありましたが，今日では自治会維持のためには，共働きで時間的余裕のない核家族や高齢者だけの世帯への工夫が必要となっています．さらに，暴力団のような反社会勢力が自治会活動に熱心であったならば，どのような対応をするのかも共同性の基

本的な問題と考えられます。

　そもそも町内会や自治会は**任意団体**（NPO法人などのような法人格のない仲間の集まりである社団。権利能力なき社団と称する）で，行政の下請け組織ではありません。さらに，自治会の連合組織を小学校区単位で結成することが一般的ですが，その連合会と各自治会との関係は上下関係ではなく，小学校区単位としての課題解決や行政への要望のための連携組織体なのです。つまり，連合会も行政などの上からの統治に組み込まれた組織ではなく，自治と称する地域経営のための共生互助組織なのです。少子化によって小学校の統廃合がなされている今日において，地域自治のための学区と教育のために通学する校区が相違することで，いろいろな課題が生じています。たとえば，小学生のための催しをどの範囲で地域として主催するのかなどは，小学校単位が基本であるPTAなどと違った課題となります。

　人と人との関係性にカネやモノが介入することが一般的です。友達同士でカネやモノの貸し借りがある関係，もっと一般的には会社勤めでの給料や商店での商品購入などは，カネやモノがなければ成立する関係ではありません。地域デザイン的にはカネやモノが介入しない人と人との関係が重要なところとなります。「カネ持ち」よりも「ヒト持ち」と言われる意味は，地域ではカネで買えないことが多く存在するからなのです。村落共同体は閉鎖的な集団であり，濃密なお付き合いが必要条件でした。現在の田園回帰と言われる若者の農村定住で失敗する要因は，この濃密な関係構築を嫌うからと言われています。この点では都市居住は比較的自由な関係で，集合住宅ではエレベータでの挨拶だけの関係で十分と言われています。地域デザインを描く仕事の公務員は，農村では世代代わりの円滑化を心掛け，都市では隠れた人材を地域デビューさせる本気度が問われていると考えられます。

農業の6次産業化への地域デザイン

　農業の6次産業化とは1次産業である農業を2次産業である工業化して，それを3次産業であるサービス業としての付加価値をつけることです。$1 \times 2 \times 3 = 6$ となります。徳島県上勝町の「**葉っぱビジネス**（日本料理の「つまもの」としての葉っぱを町の産業とした高齢者への元気策。株式会社いろどりの農業ビジネス）」が

有名です．農協職員や町職員の本気度が実を結んだ事例でよく取り上げられます．高齢者の女性に出番と役割を与えることによって，精神的・肉体的健康な「まちづくり」が可能になった物語で，狸に化かされるように「葉っぱがお金になった」と言われています．このような成功事例は他所がその模倣をすればそこで終わってしまいますが，他所に真似されないような**商品の差別化**（他所に真似されないような付加価値をつけた商品．たとえば，健康エクササイズのカーブスなど）があったのがポイントです．農業の工業化については，農作物を市場に出す場合での規格化がすでに進んでいます．リンゴやミカンのケースに秀2L などと書かれている等級などです．

都市内農業においては地域デザイン的に意見が分かれるところです．住居の近くに田んぼがあって「カエルがうるさい」との苦情が役所に持ち込まれます．その逆に，「カエルが鳴かないのは有害な農薬使用のため」との調査依頼要請があったりもします．農家からすれば，「虫が美味しく食べているような野菜は安全なのに，消費者は見栄えに惑わされて虫食いの野菜に見向きもしない」となります．「安くて量のある野菜は安全性を疑問視するが，値段につられて買ってしまう」という消費者と，「値段が高くても，何処どこの誰が作ったと表示されている野菜を買う」という消費者もいます．悪いのは無策の農政を担当する役人で，善良な市民には情報が隠蔽されているという二項対立の図式もまことしやかに言われています．

また，農産物の貿易自由化に関しては賛否両論です．国際競争力のない国内の農産物よりも安くて美味しい輸入農産物の自由化せよと考えるものから，何らかの事情で輸入が途切れることを考えると安全・安心の国内農産物で自給率を高めるべきとの考えまで，二分した意見が幅広く分かれています．さらに，減反政策などのような場当たり的な日本の農政に責任ありとの批判になったりもします．要するに，商工業と比較して地域デザイン的に農業が重視されなかったという批判です．消費者視点からは安くて美味しいものをとなりますが，生産者視点からは美味しいものは高くて当たり前ということになります．そこでの問いかけなのですが，どのような味が美味しいと感じるのでしょうか．消費者の舌は低下していないと言い切れるでしょうか．そうなると，地場産の農業に関しては生産者と消費者という構図よりも，どちらも地域の生活者として

の認識が地域デザイン的には重要なのではないでしょうか．

　たとえば，地域での**産直市場**（「どろんこ市」などの名称で地場産の農産物を農家から直接取引することなどは「いちば」と呼ばれることが一般的）などは，見た目は農産物というモノでつながる関係かも知れませんが，価格は高くても特定の農家の農産物を買うとなれば，モノよりヒトの関係ではないでしょうか．カネの関係で言うならば，知り合いの人には安い価格設定で内緒で取引するなどと，経済学の**一物一価の法則**（物や労役の価格は同一の市場において，同一の時点ならば同一であるという法則）を超える関係こそが，人と人との関係性ではないかと考えます．自治体職員の職員力もこのように地域での人と人との関係性構築を支援することに発揮されるべきなのです．

商業，商店街と地域デザイン

　農業の次は地域デザイン的に大きな意味合いを有している商業，それも日常生活に密着した商店街について考えてみます．商店街と称する限りにおいては単独の店ではなく，専門店が連なる路面店のことです．これは「まちづくり」と大きく関係しています．たとえば，商店街の中の金融機関は15時で閉店です．それが当たり前の「まちづくり」だったのですが，24時間営業のコンビニを1階にして銀行は2階などとの発想の転換が土地の有効利用のために必要となってきたのです．ひとつの課題を述べますと，専門店のコンビニへの変化が商店街を潰してきたとの考えもあることをどう考えるかです．元は専門店であった店舗が生き残りのためにコンビニやミニスーパーになることを止めることはできませんが，そのために他の専門店が自主廃業して行っている事実をどう捉えるかです．

　ここで店舗販売と**無店舗販売**（通信販売が代表的です．それ以外に訪問販売などがありますが，「押し売り」としてトラブルも多い販売形態です）の社会性の違いを考えてみましょう．無店舗販売とは匿名の取引です．もちろん，注文した商品と違うものが送られてきたりすると，社会的信用にかかわる問題となります．一例を示せば，おせち料理がパンフレットの内容より劣っていたことが問題となりました．また，成人式の晴れ着が実際に提供されなかったりすると，金額的なことよりも精神的なダメージを受けることになります．こんなことは地域に店

舗を構えているならば，顔の見える関係においては起こりえない現象と考えられます．ところが，その地域の店舗に後継者がいないため，自主廃業の危機と言われて久しくなります．郊外型ショッピングモールや地域のコンビニが商店街を潰したと言いますが，それ以上に家業を承継する後継者が不足していることが深刻な問題点なのです．

　近江商人の「三方よし」「先義後利」の考えが，商人の社会性を説明することで使われます．「売り手よし，買い手よし，世間よし」の考えは不思議なことではありません．商人は安く買って高く売る経済性，これを口銭と言いますが，この収益性が原則なのですが，「売り手よし」がなによりも一番に来ます．商品を仕入れる場合に安く買い叩いて売り手を潰してしまっては，その買い手が売り手となる連鎖を初めから潰すことになります．まずは，売り手のことを考えて公正な取引を継続させるならば，世間性というべきなのか社会性につながることになります．また，商品を買ってもらうことに関しても，人の道をわきまえて行動することによって，その利益は後からついてきます．つまり，安く売ることでライバルを潰すことでなく，適正利潤においての利益を社会に還元する業界単位での安定が社会性ということになります．まさに，**顧客の創造**（ドラッカーの真髄であるこの言葉は，「売る」ことではなく「売れる」ことを考えるマーケティングとイノベーション）です．しかし，安売りは商人にとっては覇道かも知れませんが，消費者は廉価な商品を求めます．また，小売業の外部性と称しますが，商人の都合で廃業されたならば困るのはそこを利用していた消費者なのです．

　ここで述べてきたようなことを踏まえて，地域をどのようにデザイン化することは公務員の職員力です．商店街などはそれ自体が時代遅れで，なくなってもよいと考えるのも間違いとはいえませんが，商店街を「まちづくり」のために活性化する方策を考えることを公務員がやらなくてはどうなるのでしょうか．むしろ最近では大手のコンビニが買い物弱者のための取り組みを考えている現状です．空き店舗利用やイベント支援，さらに地域としてのイノベーションに対して活躍すべきは商店主ですが，そのことを導いて活用されるのは公務員だと考えます．これは決して**パターナリズム**（温情主義にやってあげているという一種の思い上がり）ではなく，公務員の職員としての本務と考えます．地域を支援

する活動は「まちづくり・ひとづくり」でもあります．少なくとも，忘年会などを地域の飲食店を利用する試みなどは，微力かも知れませんが，無力ではないと考えます．

地域デザインにおける大学の役割

　全国的な大手の大学よりも，地域に根ざした**コミュニティ・カレッジ**（アメリカでは地域の短大を言うようですが，日本では地域のために貢献する小規模な大学を言います）が注目されてきています．大学の役割は教育・研究・社会貢献と言われますが，その地域とともに存在する大学として，地域のためになる教育・研究・社会貢献活動が重要なところです．地域性とは関東と関西などと広く大きく分けることもできますが，たとえば，京阪神にある大学が同じような学校であることのほうが不思議なことと考えられます．関西弁でも京阪神で微妙に違っていて，よく指摘されるのが「きーひん，けーへん，こーへん」の違いです．来ないという同じ意味合いなのですが，出身地によって変わって表現されます．大学も地域に対して取り組む考えは同じでも，その目に見える活動に地域性があって当然と考えます．

　その地域の品格を維持できるような取り組みを地域の大学は考えなくてはなりません．品のない金儲けだけで地域のことなど顧みない大学は，地域の人に金儲け主義の企業以上に否定されます．つまり，大学そのものが**市民的公共性**（ドイツの社会哲学者ハーバーマスの概念では，市民社会をもたらす公共圏として，市民が議論しているサロン的集会場所などはそれそのものである）の範疇に存在するからです．それを企業経営でも問題の生じている **PDCA サイクル**（プラン・ドゥ・チェック・アクションのことで，企業でも計画・実行・評価・見直しに至るまでに次のサイクルが次々と生じると言われている）で，経済的効率性による大学間の競争を試みることなどは考え直す必要があります．もともと人を育てることなどは経済的な競争や効率化の困難な分野といえます．「競争から共生」「効率から効果」を考えるためにも，建学の精神を再認識する必要があります．たとえば，大学の頂点にあると言われている東京大学が国家のための官僚養成を建学の精神とするならば，それはそれでよいと思いますが，地域の大学は自治体職員を育成することはあっても国家官僚養成では東京大学とは競争などできません．また，そうで

あってはならないのです.

　国家による大学の経済的支配が問題視されて久しいですが，**学納金や寄付金**（本来の教育を受ける権利を考えると，私立大学の授業料は高いと言わざるを得ません．また，寄付文化の薄い日本では卒業生の寄付を当てにすることはできません）のみで運営可能な大学は極めて稀です．少なくとも，国家は金は出しても口は出さないようにならないと，「学問の自由」や「大学の自治」は危ういものとなります．地域の人が地域の大学に寄付をするようになるのが理想と考えますが，その地域の大学が地域のことを真剣に考えてくれるかというと疑問です．まずは図書館や会議室，体育館やグラウンドなどの施設開放によって，地域の人にも運営にかかわれるような仕組みが必要と思います．大学図書館なども地域住民とともに運営されることなどが必要なのではないかと考えます．地域において活躍すべき地域人材に活用されるのが大学の人材なのです．地域の大学としての教育研究においては，その地域人材育成が目的とされる社会貢献活動が重要なところです．このような地域デザインを築くことは，直接的に「地域の利益」につながるものと考えられますし，自治体やその職員は地域の大学を地域資源として積極的に活用すべきと考えます.

活躍する地域人材と活用される行政人材

　このタイトルにはネタ本があります．そのとおりと賛同して何回も出現してきました．湯浅誠『「なんとかする」子どもの貧困』という2017年の角川新書です．63ページから64ページを少し長くなりますが引用します.

> 　前者の視点からは，人の問題は「地元にいない人を，いかに外から連れてくるか」という話になる．地域経営のための優秀なコンサルタント・学者・中央省庁の官僚から，人口減対策としての若者・子連れの夫婦・学生などだ．後者の視点からは「今，地元で十分に活躍できていない人たちに，いかに活躍してもらうか」という問題になる．バリバリ働いて稼ぐことだけが「活躍」ではない．もっと多様な「活用」の仕方があっていい．「活用」の発想が貧しく単線的だと，「活躍」できない人が大量に生まれる．「活用」の発想が複線的だと，「活躍」できる人も増える.

　行政人材や大学人材は活用されるべき前者と考えられます．活躍してもらうのは地域人材です．地域人材もいきなり「活躍」でなくて，その仕掛けにはまって「活用」されるところから当事者意識が醸成されます．「活用」されている客観性から「活躍」の主観性に移るきっかけとなります．活用されるべき人材が「やらされ感」において行動していると感じたならば，活躍すべき人材も引いてしまいます．されど，その「やらされ感」も活躍の糸口です．しかしながら，活用されるべき人材が表に立って浮いてしまっては，活躍できる人に「しらけ感」が漂います．いかがでしょうか．スーパー公務員やカリスマ教員は地域人材を潰さないように心掛けるべきです．ただ，その公務員や教員もその地域に当事者として住みつくというのであれば，話は別だと思います．つまり，公務員にも教員にも「待ちの姿勢」が必要なのです．

　大学教育において，地域性と共同性を体験により学ぶ意味は，当事者意識・地元意識の芽生えとも考えられます．学生はそれを生まれ育ったところで発揮していただきたいものです．公務員も同じことです．ただ，仕事としてやっている限りは，自分がしなければ誰がするのかという使命感を持ってもらいたいものです．それぞれが活躍すべき地域人材と協働して，「まちづくり」「ひとづくり」「ことおこし」に活用されつつ考えていけば，共生の地域社会は築いていけると確信します．公務員についてはその使命感こそが職員力なのです．

　公務員の読者，公務員になろうと考えている読者のために，公務員の職員力に触れていると思える新書を掲載していきます．公務員ばかりでなく公共性の強い職業に就いておられる皆さんも，日々悩みは大きいと思います．いわゆる成功した公務員，考え抜いて退職した公務員，公務員など考えが甘いと思っている民間人，それぞれの立場からの批判的な新書です．本書は前書や前々書同様に，筆者である私にとって都合の良い解釈をしています．著者から誤読とお叱りを受けることを覚悟の上で紹介しています．読者の皆様も独りよがりの私の見解に批判をしていただければ幸甚に思います．

第1章 公務員とは

　まずは，何のために公務員になるかです．民間企業と違って安定しているからですか．それは合っている場合と，そうでない場合があります．苦労して公務員になったのに，その部署が民営化されたということも起こりうることです．仕事がなくなって**分限免職**（その職務遂行に支障があって，その職員の意に反して降給，降任，休職，免職がなされること．懲罰の意味がある戒告，減給，停職，免職の懲戒とは相違する）と，いうこともありうることです．しかしながら，民間会社と比較して組織内で自分の考えを言うことができますし，それによっての配置転換はあっても免職にはならないと考えられます．逆にいえば，一旦辞令により命じられたら，その後の左遷気味の人事異動を覚悟するつもりならば，自分の思うように仕事ができるのです．免職にならないということは，民間会社のような最悪の倒産はないわけですから，すなわち安定しているということです．それならば，なぜ公務員は安定しているのでしょうか．

　発着時の飛行機で客が腹部で締めるベルトに対して，キャビンアテンダントは自動車のシートベルトのような頑丈なベルトをしています．これは不時着などの場合に客室乗務員が客の安全に責任を負うためです．それでは客も頑丈なベルトにすればよいと考えられますが，まずは客室乗務員の安全が確保されて客室内はその指示によって安定します．公務員も同じことで，危険な状態にいる人を安全な状態に誘導するのが公務員の仕事です．安全な状態が続くことを安心と言い，安心が続くことを安定と言います．つまり，地震などの災害時に警察署が潰れるようでは意味がありません．公務員の身分的保障も上記のような使命があるからなのです．それでは公務員はかくあるべきという倫理や規範について述べられてる新書を紹介します．

1．公務員がやらねば誰がやる

──太田肇『公務員革命』ちくま新書，2011年

　この新書は2013年の拙著『「新書」から学ぶ公務員の教養力』（晃洋書房）でも最初に取り上げましたが，公務員の組織論的モチベーションを考えるには必須の新書といえます．

　現在の自治体では「お金がないからできない」とか，「人員削減のご時世に役職者は増やせない」といったことがまことしやかに主張されています．その中でも「スーパー公務員」を育成することは可能と考えられます．もちろん，その「スーパー公務員」とは定義が必要となりますが，彼らのモチベーションをいかにして引き出すのかの問題は今後の大きな課題となります．現有の公務員の底上げによって，今後は「スーパー公務員」が当たり前のようになります．一方，管理主義を徹底することや，人事制度によって「やる気」が引き出されてくるわけではありません．公務員の多くは法学部出身で，人事部門に配属されていてもマネジメントなどを本気で専攻した者などはいないと思います．それゆえに，各自に任せることよりも制度を緻密にして管理を徹底しようとなりがちです．

　勤務時間中に同僚と喫茶店で息抜きでもしていたら，綱紀粛正により懲戒も受けかねません．今は洒落てオフサイトミーティングなどと言いますが，昔は勤務時間中の無駄話が人間関係を良好にしていました．また，勤務時間後のいわゆる「飲みニケーション」や「麻雀」による関係が希薄になっては，公務員の「見せかけの勤勉さ」と裏腹に，本物の「やる気」が低下しているのではないかとも囁かれています．

　「やる気」がなくなる原因には待遇の悪さが指摘されています．人員削減されても仕事が増えて，しかもサービス残業では本物の「やる気」が減退します．成果主義を標榜して「やる気主義」にて「やる気」を強要することでは「見せかけの勤勉さ」となります．次に，公務員は厚遇されているとのバッシングがあって，ますます「やる気」が減退していきます．ネームプレートを見ての名指しのクレームも，公務員としてのプライドに傷をつけます．さらに問題なの

は公務員へのマネジメントです．管理主義の徹底では「やる気」は出てこない「やる気主義」に陥るばかりです．子供に駄賃としての小遣いを与えて勉強させるような手法は，少なくとも公務員の世界では通用しないと考えられます．仕事に対する情熱や意欲までを管理をしようとすると，「やらされ感」が増大して「やる気」が減退することになります．この関係などは真剣に考えてみる必要があると考えられます．このことに過剰反応を示す公務員は，要するに「見せかけの勤勉さ」を競っているのかも知れません．

　どうも「やる気の天井」を低くしているのが，昨今の公務員制度改革の論議のように思えます．権限が与えられずに管理が強化されるということは，「やる気」を押さえて「見せかけの勤勉さ」で出世街道を歩むことにもなりかねません．本物の「やる気」で少しでも自己実現に近づくことを選択すれば，悩むことが多くなるばかりです．「まちづくり」などで地域の人と協働する場合には，本物の「やる気」が問われます．公務員の場合は民間企業における経営者と労働者のような大きな賃金格差もないため，わずかの賃金差よりも使命感を喚起することのほうがモチベーションアップにつながるのではないかと考えられます．しかしながら，地域社会では「長」のつく公務員と「平」の公務員では「偉さ」が異なると評価されます．

　なぜ，「やる気」に天井を作るのでしょうか．それは「スーパー公務員」が多数になれば，管理が困難になるからです．管理を各自に委ねてでも，やる気の天井を取り除くことが必要と思われます．つまり，公務員が天井を突き破ることを推奨する「任せる」管理です．公務における「自律」「承認」「夢」の3要素が「超やる気」の源泉であると考えられます．その中でも「自律」は「やる気の父」であり，スーパー公務員と言われる人々は共通してこれを持っています．なぜ，各自に「任せる」ことができないのでしょうか．「役職立候補制」や「庁内FA制度」をもっと活用すべきで，得意分野を伸ばす人材育成が必要との認識をあらたにすべきなのです．任せると言っておきながら，報告・連絡・相談をせよという「ほうれんそう」は矛盾です．上司がいないほうが，「やる気」において仕事が円滑化されるのが理想でもあります．結論として，バッシング → 萎縮・反発 → バッシングの悪循環から，承認 → やる気 → 承認の好循環に役所が主導権を握るべきと考えます．このようになれば，「スーパ

ー公務員」が別の分野でも公務員出身として活躍することも可能であり，現実に大学教員などで活躍している研究者も少なくないといえます．

　このように型にはまらない規格外の公務員の存在は，人材を活性化して組織を変革できる組織文化となりうると考えられます．成果は外にあるということを肝に銘じれば，組織内での評価によって出世する公務員の道とは相違したキャリアが生まれると思えます．そこで「スーパー公務員」の評価について立ち入る必要が出てきます．組織で仕事をするということは，その組織の目的に適った形でなくてはなりません．その**組織が個人の成熟を阻害するという理論**（クリス・アージリスの理論によると，健康で成熟した個人の成長では能動的になったり，独立を目指したりします．組織においては成熟よりも未成熟にとどめようとする処遇がなされたりもします）もあります．そこで，「スーパー公務員」を放し飼いにするのではなく，松下幸之助流の「任せて任せない」管理が必要になるわけです．この高等な管理手法はお釈迦様の手のひらの孫悟空のように，個性豊かに好きなようにさせても，責任はお釈迦様にあるのでその法を越えてはいけない信頼が必要なことは言うまでもないことです．

2．仕事に哲学を持て
──中野雅至『肚の据わった公務員になる！』 朝日新書，2014年

　地方の市役所から中央官庁まで経験し，現在は大学教員である著者が，公務員の社会的な位置の変化に関して，いつまでも「全体の奉仕者」では現実的ではないことを問うています．この著者の経験では，市役所の課長は何も住民のための仕事をしていなかったし，中央官庁では事務次官が大臣よりも偉かったと述べています．建前と実態の乖離したところに民間の経営手法を導入しようとしましたが，それなりにインパクトは生じたものの，本質は何も変わってい

ないように感じると指摘されています．政と官との関係では，族議員がはびこる政治や利権による官僚の天下りを否定的に考えている良心的な官僚は排除されて，その結果として「忖度」や「公文書改竄」が生じています．マスコミも官僚を敵視した記事が多く見受けられますが，無責任体制を関係者同士でなすりつけあっている状況が，2009年の朝日新書『公務員大崩落』で書かれています．また，2010年の洋泉社新書『公務員の「壁」』では，本当の意味での官民合流が必要と指摘されています．今までのような厚遇問題や公務員削減などで民間から公務員バッシングしたり，政と官の領域で政治家が意のままにならない官僚を更送するようでは何も変わらないとされています．

今の役所は忙しすぎてブラック企業化しているため，創造性ある仕事などできるわけありません．議論している余裕などないのです．しかも，経費節約とエコ対策で時間外は冷暖房も切れて，昼間など電気をつけていることにさえも気を使わなくてはならない状況です．こんなことが溜まりに溜まって鬱になる人が多くなりますが，これは個人の問題でなく組織的問題です．公務とは利潤によって評価される営利企業と違って，多元的な曖昧さがあります．ひとつには多種多様にわたっていることが上げられます．2つ目は「全体の奉仕者」などと曖昧模糊として現実離れしていることも指摘できます．3つ目は国民側も公務員を見る目が一定の尺度などで見られているものでないことです．そして最後に，公務員にとって仕事とは何かという「ウチ向きの哲学」がないことです．たとえば，公共という言葉ですら明確でなく，対外的仕事においての相手側の考えによって，その意味が変化してしまうことなどが問題を難しくしています．

公務としての仕事が自分の利益のためになればやりがいも出てきますが，それは「公私混同」としてタブー視されています．つまり，公務としての職業性が現実の私生活で役立つことは論議してはいけないことになっているのが「全体の奉仕者」の意味なのです．公務には「専門知識」が必要ですが，それは私生活にとって役立つようなものでない特殊な知識です．また，兼業禁止によって公務専念義務が課されますが，そのことが私生活での「制約」と感じられて，それが重荷になることもあります．たとえば，災害時には家族のことが気になるところですが，公務に専念しなくてはなりません．中央官庁のキャリア官僚

は自らに課された権限とその誇りに生きています．幅広い専門知識と調整力という誇りですが，これでさえ権限によって地方が受容してくれることが前提です．つまり，中央官僚といえども，一般公務員よりズバ抜けての能力があるわけでなく，一般公務員がその偉さを認めてくれなければキャリア官僚ではないのです．ところが，何の権限もなく出先や閑職に塩漬けにされているキャリア官僚は，そのうち権限を有する仕事に復帰できるという幻想が偉さの正体ともいえます．塩漬けのままでは「悪代官」になるか，いわゆる出世を諦めて資格を取って弁護士や大学教授になろうとしますが，若いうちはまだしもその時点からの資格取得は難しいのが現状です．これまでの専門知識を権威づけしようと著書を出版したり，博士号を取得するための論文を書いても，現職の現場での現在の知識には負けるのです．つまり，その著者や論文は過去の経験での知識にすぎないのです．もちろん，それでも研究室において純粋培養された研究者よりはましなものができるはずですが，残念ながらその時点では過去のものとなっているのです．

　そうなると仕事よりも仕事を通じて人脈をどのように築くかが大事なこととなってきます．事実，人脈によって大学教員になったキャリア官僚は少なくありません．ノンキャリアの国家公務員は出先機関で実務的な専門性を磨き，「裏金担当」のような汚れ仕事をクリアできたならば，地域の中小企業のヒーローになることも可能であると考えられます．補助金を獲得するためのコンサルタントとして活躍することも可能です．そこで中途半端なのは都道府県職員です．これらの公務員はキャリア官僚に引けをとらないような高学歴ですが，国の役人が決めたことを市町村の公務員に伝える役割です．ここでの出世とは何かが曖昧ですが，その結果として，市町村の**特別職**（一般職に対する職で，地方公務員では非常勤の消防団員などを指すこともありますが，首長や副首長，議員や公営企業管理者などを指すことが一般的）に就くことも可能となります．地域ブランドを確立しての地域の大学教員を目標とすることが，ひとつ抜けることになるとの考えもあります．さて，もう1つの高学歴者の殺到する市町村職員については，この仕事に就いた時点から「地域」や「住民」を意識しなければなりません．人格も傷つけられるような窓口での罵声や，時には身の危険も感じることが仕事になります．また，「地域のタブー」に直接立ち向かうことは，国家公務員

や都道府県職員には無いことでもあります．その仕事こそが正規職員の仕事であり，それ以外は非正規職員でも十分なのです．つまり，役場の職員は気楽であるなどということは過去のことなのです．それに給料カットなどが常態化すると，その情熱と意欲が減退してなるべく楽な仕事を求めることを非難できるものでしょうか．住民に難しいことを難しく説明する市町村職員など不要なのです．肚を割った本気の対応が求められるのです．自らの経験を出版するつもりで，肚の据わった公務員になることが求められているのです．

中央官僚は予算と権限を有しています．勝手な言い方をすれば，自らは頭を使って，仕事は地方にさせればよいということになります．権限によって頭を使う仕事は「自己効力感」もあるかも知れませんが，そこで決められることにも参加することなしに，「このようにやってくれ」では「やらされ感」のみが地方公務員に蔓延ります．この本の解説でも誤読と著者から叱られるかも知れない主観を込めましたが，自らの仕事に哲学を持って，前例を作るつもりで対応すれば，その本気度が地域や住民に伝わるものと考えられます．しかしながら，活躍すべきは地域の人で，公務員はその人たちに活用されることを心掛けるべきと考えます．つまり，中央から下りてきた仕事でも，住民の立場で支援ができることを心掛けなければなりません．

公務員の転職先としての大学教授について一言．かつての大学教授職は研究三昧の名誉職的な存在理由もありましたが，今では教育における管理運営での行政的能力が問われる実務型の大学教授職が少なくありません．そのことにおいて，知識やスキルを教授できる実務教員の需要が生じていますが，狭い視野での功利的な教育を実学と称することには疑問が生じます．

3．公務員の虎の巻
——久保田勇夫『新装版　役人道入門』
中公新書ラクレ，2018 年

　この新書は決して元財務官僚の自慢話ではなく，国の政策を考える中枢機構における国益などを論じています．キャリア官僚の国家公務員のみならず地方公務員にもいろいろな示唆を与える新書であると考えます．日本では柔らの道を柔道というように，野球であっても高校野球などは野球道なのです．道を外してはいけないという役人道においては，「権力者への忖度」や「公文書改竄」は基本的な誤りなのですが，目に見えているもの以上のものが水面下で動いており，官と政の関係において政治的利権を断ち切ったところでの立ち位置は難しいような状況です．

　古今東西を問わず，役人は正確で分かりやすい文書を書くことが基本です．ある事項を説明できる文書表現は 1 つだけであると認識すべきです．箇条書きではなくて文章です．そのように思って書いても上司にいろいろと修正されますが，その修正に対しては堂々と反論すべきと考えます．上司の上司がどのように考えているかで，修正の修正があることもよくある話です．しかしながら，文書には一般原則もあることも承知しておく必要があります．

　文書には，分析の深さを示す「分析の文書」，メリットとデメリットについて論じる「検討の文書」，関係者の賛同を得るための「説得の文書」と 3 つの種類があります．現実にはこの 3 つの要素が入ってひとつの文書となっている場合が一般的ですが，学者の記述的文書を超えるような文書が必要です．つまり，何故そうなっていて，どうすることが必要なのかがポイントです．それゆえに文書作成者の主観も大切と考えられます．読み手は役人だけではないことを念頭において，「役所・役人的表現」を避けるべきなのは当然です．分析の深さを感じさせつつ検討に進みます．一般に言われる「検討する」は必ずしも「やらない」ことではないのです．検討した結果，とるべき措置を説得する文書に進みます．足で考え，頭で書くことの速さがメリットとなります．

　次に必要なのは交渉力です．これには相手の言い分に反論せずに聞くことが原則です．そして質問するのです．相手の立場に身を置いて考えてみることも

必要ですし，さらに，相手の性格を見抜くことも必要です．この相手の個人的
資質を把握できれば，交渉において優位な立場となることは間違いのないこと
です．やや技術的なことを言いますと，うなずくのはタテでなくてナナメに首
を振るようにしてください．「ウン，ウン」でなくて，「ウーン」と言って右上
から左下へ首を振るわけです．その効果は全面的に賛成ではないという意思表
示と相手は感じます．交渉相手も話しながら観察しているのを忘れないことで
す．譲歩することは一番難しいことです．こちらの大幅な譲歩でなく相手側の
大幅な譲歩を得たと合意しても，よく考えてみると「負けて覚える相撲かな」
ということがあります．

　そして組織的問題として，基本的に官僚組織は上意下達のトップダウンです．
しかしながら，実際はボトムアップの情報伝達が組織的にできて決定者が決定
を下します．これは部下が上司をマネジメントすることで，上司をリードして
その持ち味を引き出すことが役人道に適っています．野球で言うならば，上司
がピッチャーで部下はキャッチャーの役割でリードしなければなりません．上
司も部下の個性を十分に把握すべきで，任せているようでも的確な状況の判断
は必要です．簡単な例で言うと，部下には朝型と夜型が存在するが当然です．
夜型の低血圧の部下に朝一番に命令することは勧められません．仕事をしない
ことを命じる勇気も必要となります．調子が上がってくるのを待つ勇気です．
普通，部下は命じられたことには NO と言いませんが，そのことを納得して
いるのか，押さえ込まれているだけなのかを慎重に見定めなくてはなりません．
現在では「NO と言わない役人」の増加が組織的な課題となっているぐらいです．
リーダーは育成するものであって，もともと素質を持つ者であっても時間をか
けて育成しなくてはならないところが大事なところで，若いキャリアへの帝王
学的配置は「バカ殿教育」と紙一重です．

　役人は人事について強い関心を持っています．まずは，上司たる者はすべて
の責任は自分がとる覚悟が必要と考えます．行政では物言わず黙々と職務をこ
なしている役人の努力に報いる人事がなされなくてはならないことは当然のこ
とです．最後の仕上げをアピールした者に注目が集まりますが，成果は必ずし
もそれらの者によってなされたのではないことを肝に銘じておく必要がありま
す．役所の人事では「パッケージ・ディール」と称する**抱き合わせ配置転換**

（採りたい人材には，あまり希望者がない人物と抱き合わせとなること）が行なわれることを否定できません．優秀な人材を獲得するにはそのことも留意しておくべきと考えられます．不本意な人事には「いずれ又，咲く日もあろう梅の花」で，腐って「やる気」を失ってはなりません．

　なによりも健康です．趣味に没頭して仕事を忘れる時間を確保することで，精神的な健康を保つことが「無用な消耗」から身を救うことになります．肉体的健康と共に精神的健康も大事なことです．公務員制度とは税の徴収のように定められた政策を実行すること，統治にかかわる政策立案に参画すること，仕事を一番熟知しているシンクタンクとしての機能を考えた制度であると要約できます．それゆえに断じてアマチュアであってはなりません．公務員というプロフェショナルであること，つまり何のために仕事をしているのかを意識することは意外に難しいことでもあるわけです．

　中央官僚を育てる努力が足りないために不祥事が生じたり，自殺者まで出ることは少なくありません．これは中央のキャリア官僚だけのことではなく，公務員として共通のところです．何のために仕事をやっているのか．具体的には何のために文書を書いているのかを考えてみる必要があります．キャリア官僚への「バカ殿教育」では黙って判子を押すように仕向けますが，そこでの決定は役所としての組織を守るためでも，上司に良く見られるためでもありません．特に，自治体では地域住民の生活と直結していることを実行している認識が必要です．食べていくために仕事をやっていると言う人がいますが，それでは仕事は生きながらえるための手段なのでしょうか．忙しくて考える暇さえないと思われるかも知れませんが，まずは一番上位の目的を考えることです．その手段としての仕事が下位の目的となる連鎖に気がつくことでしょう．そこまで気がつくと，今やっている仕事の目的が意味を有することになります．つまり，目の前にある仕事の意味を考えることが，地域住民と乖離した仕事の発生を防止することになります．

4．教員も子どもと一緒に学んでいる
──林純次『残念な教員』光文社新書，2015年

　今日では教員志望の方も多いと思います．しかしながら，この教員という仕事は子どもが好きだからなれるものではありません．高校生の場合では，卒業の要件はある程度の出席と単位取得だけという残念な現状があります．残念と表現するのは「生徒を成長させない」まま卒業させることです．そこでは学生や生徒の発達成長は二の次で，生徒を理解できない「鈍感教員」がいます．本も読まない「学ばない教員」，知的レベルの低い「学べない教員」も存在し，こんな学校教員の授業は諦めざるを得ないわけですが，教員は時間がないと言い訳をします．このような勉強のできない教員に対して，勉強はできても教育技術の低い教員がいたりしますが，その責任はすべて学校にあります．さらに，「コミュニケーション不全教員」などは問題が大きすぎます．生徒の問題も見て見ぬふりで，他の担任の生徒に口を出すことを躊躇する教員，他の専門分野に口を出さずに「触らぬ神に祟り無し」を決め込んでいる教員もいます．「理念欠如型教員」の存在は，「でも・しか先生」の時代から今でも健在といえます．さらに，「マイナス査定に怯える教員」の多さは教育現場の管理主義を強める結果となっています．

　授業で居眠りする者，内職する者，思考停止の生徒を作らないことには熱心ですが，内容のない授業の教員が増えています．教師である「師」の立場であるコーチから，メンターを目指せるような教員はわずかといえます．理由はプロ意識の欠如に尽きます．「プロフェショナル教師」になるためには，教育の練習もせずに，下手な説明や解説で生徒の人生を左右していることに気づこうともしない教員は論外です．公開授業や授業参観ではそれ用の授業をやっているだけの教員が存在します．そんな教員は生徒が何かに興味を抱いた瞬間を見逃すことになり，タイミングの悪さによりその教科が不得意になる生徒を増やすこととなる危険性があります．発する側が答えの分かっている「発問」と，発する側にも解答内容が予測できない「質問」との違いも分かっていない教員もいます．つまり，「メロスは何故走ったか」と「メロスは本当に走ったか」

は明らかに違う問いなのです．教科書に書かれていることの劣化したイミテーションを板書する教員は，それが授業だと考えているので始末が悪い存在です．また，レポートを返さない教員が多く存在する一方で，赤字で一杯書き込んだレポートを返す教員は「善意の押し売り」に気がついていないだけです．生徒に舐められないようにと，上から目線での物言いや怒鳴る教員は生徒に舐められるだけです．結局のところ，「学び」を「問う」ことと「勉め」を「強いる」ことは違うのです．この 2 つを駆使して生徒を前向きにするか，それとも後ろ向きにするかは教員の技量といえます．計算や暗記という勉強的で生徒に人気のないことを改めて，興味のある分野に積極的に取り組む学問的気づきに誘導するのは教員の責任であるともいえます．

　昨今では幼稚園から英語や算数が教えられており，知識やスキルという学力と称する能力はひらく一方であると感じます．このような工場型教育システムの終着点は，カネの稼げる職業へ就くことであると考えて間違いないと思います．保護者もそれを子どもへの投資と考えて，世界を股にかける国際人を夢見ているのでしょう．しかしながら，そのベルトコンベアに乗っている生徒の心は後回しです．やる気があっても技術的練習をしなければ能力は定着しないと考えると，教員に教える技術がないままに行なわれる授業ほど生徒にとって残酷な時間はないはずです．さらに問題なのは技術的に上手なだけで中身のない授業を行なうことで，それで生徒は満足するかも知れないが，生徒への利益はない無駄な時間と指摘できます．

　講義型や演習型授業は後期高等教育の大学では主流ですが，初等・中等教育では発問による応答型授業がなされなくてはなりません．つまり，手間隙が必要なのです．さらに研究型授業も高校ぐらいからは必要であると考えます．実技科目では体験型授業で，教員への負担も大きくなります．「あの先生のためにその教科が嫌いになった」と言われないように，精神的タフネスさ，積極的行動思考力，そして自己認識と他者認識ができることを教員には求められているのが結論となります．

教育の中身が「育」でなく「教」にシフトしていく現実において，教員志望の方にお勧めは鈴木翔・解説本田由紀『教室内（スクール）カースト』（光文社新書）です．この新書では学童や生徒にカーストがあって，それを利用して無難に学級経営をしている教師像が描かれています．「いじめ」問題はこのように表沙汰にならないように努める教員に問題があるとしています．教室内が苦痛である子どもが必ずいます．あなたが教師であったならば，クラス替えまでの1年間をどうしますか．小規模校で卒業までクラス替えのない学校もありますし，たとえクラス替えができても地位の低い子どもはそこでもいじめられます．弱い教師も子どもや同僚からいじめられるフラット化が指摘できます．ここではスクールカーストを把握して，権力と能力から形成される優劣関係を認めるのでなく，権力や能力の中身について考えさせることが必要です．あまりにも学力に一元化した競争力を美化して，勝者と敗者に分断する教育に責任があるのではないでしょうか．新型コロナウイルス感染防止のための教育スタイルは，人間としての教員がティーチングマシンとなるかの分かれ目なのかも知れません．

5．権力を有するがゆえの陥穽
　　──古野まほろ『残念な警察官』光文社新書，2016年

　現場の警察官に対する信頼も大きく，高齢者などは困ったことは交番へとの安心感を持っています．その「警察官の嘘」とは「捜査手続きに関する誤魔化し」のことで，警察には無謬性が求められますが，現実には間違いも生じるわけです．警察の不祥事には馬鹿な巡査が盗撮したような個人的なことと，馬鹿な警視がパワハラで部下を自殺に追い込んだような組織的なことがあります．前者は「腐ったみかん型」で，後者は「腐った果樹園型」と呼ぶことにしました．いずれにしても腐ったみかんが存在することは，その組織自体に問題があ

るのかも知れません．規律違反行為が生じることは職業に対する信用失墜となり，それが犯罪ならば厳しい懲戒処分となります．また，警察不祥事はマスコミでも大きく取り上げられ，一部の不心得者の行為は多数の真面目な警察官にとっては迷惑な話となります．みかんが腐っていたのか，果樹園が腐っていたのか，あるいはその両方かを考察していくことにより，その体質があぶり出されてきます．

　「桶川事件」は平成11年7月13日に女子大生への中傷ビラが撒かれ，10月には殺人事件にもなった警察の不祥事です．埼玉県警上尾署に被害届が出されましたが，警察がその事件性と深刻さを軽く見て，告訴に及んでも無作為であったことが殺人事件に発展した経緯です．さらに7月の告訴はなかったことにして欲しいなどと，捜査の停滞を隠蔽しようとしたことが誤魔化しといえます．警察側の担当者は課長・係長・係員とも**懲戒免職**（懲戒処分の中でも戒告，減給，停職，免職の順で最も重いランク）となりましたが，課長は鑑識業務が専門であったため，捜査業務のプロである係長が上司への進言と係員への指導を怠った組織上の問題が，捜査書類の捏造改竄に至ったものとされています．人事の不満から面従腹背どころか腐ったみかんに関係者がなっていた腐った果樹園型とも読み取れます．相談対応のミスが書類の誤魔化しとなり，結果的に女子大生は殺される取り返しのつかない事態となりました．

　次の「神奈川事件」は警察官の覚醒剤中毒を仲間内で揉み消した神奈川県警の不祥事です．平成11年9月の新聞スクープにより露見しました．証拠隠滅と犯人隠避が問われて懲役刑の執行猶予が確定しましたが，退職していたため懲戒処分ができなかった幹部も含まれています．現場サイドは依願退職の形の諭旨免職でした．本部長の覚醒剤当事者への退職指示は腐ったみかんを諭旨免職させようとしたもので，居座ると懲戒免職で退職金も支給されないという圧力にすぎなかったと考えられます．決して親心での決定ではないと思われます．当時の神奈川県警は腐ったみかんを隠そうとした腐った果樹園の体質であったと考えて間違いのないところです．警察官は命令の遵守を義務化されていますが，本部長の間違った命令を統制することが不可能だったことに問題の本質が見られます．

　「新潟事件」は平成12年1月に新潟県警柏崎署管内で保護された19歳の女性

が9年前に誘拐されて監禁されていた事実が判明した事件です. そのときにも, 本部長は雪見酒と麻雀で関東管区警察局長を接待していたということで問題となりました. 警察が9年以上も失踪者を救い出せなかったこととともに, その事件でのミスよりも特別監察を重要視していた本部長の資質にかかわる問題となりました. このような官官接待は批判の的となり, 退職金返上の依願退職となった本部長を創り出した県警の体質は腐った果樹園か, それとも腐ったみかんだったのかを論議しなければならないところです.

「石橋事件」は平成11年9月から2カ月間, 加害者少年3人に脅され, 虐待を受けた後に19歳の被害者少年は殺害されたという栃木県警石橋署での事件です. 警察で相談中に加害者と一緒にいた被害者少年から携帯電話があった際に, 被害者父親が警察に来ていることを言わないで欲しいとお願いしたのにかかわらず, 電話を替わった石橋署の警察官が名乗ったために殺害に至ったとされています. 被害者側の相談・捜査要請があったのに, 真摯に対応しなかった警察の責任は重いとされていますが, 加害者に警察沙汰になっていることを知らせてしまった警察官の態度は軽率であったとされています. 警察官からは警察は事件にならないと動かないとの発言もあったとされています. 停職・減給・戒告という懲戒処分で免職にはならなかった事件なのですが, なぜ殺される前に被害者を保護しなかったかが疑問です. これも加害者側の父親が警察官であったことも影響していると推測されています. タコツボの中での馴れ合いからの握りつぶしと考えられますし, 被害者が殺されなかったら問題とはならなかったで済む問題でもありません. 腐った果樹園と言われても仕方のないところです.

　パトロールと称して, 町中をピストルを腰に下げて歩く警察官の姿は, 当たり前であっても当たり前ではありません. ピストルそのものが権力なのです. その権力を有する警察という組織は閉鎖的と言われています. どこの組織でも腐ったみかんの存在を皆無にすることはできないかも知れませんが, 少なくとも腐った果樹園とすることは防止できると考えられます.

それは腐ったみかんには腐っていることを自覚させるとともに，公になる前にその責任部署の責任者として責任を明確にすることです．それが権力を有する警察の職業意識と思えます．筆者である私の公務員としての経験では，保健所の所長が所長である間は生ものである刺身を食べないと言ったのを覚えています．そして医師である彼はこう言ったのです．「食中毒を防止する立場の責任者が食中毒になると洒落では済まされない」と，これこそが彼なりの職業意識ではなかったかと思います．ましてや，取り締まる側が賭け麻雀などと，職業倫理の欠如が見受けられる公務員事情です．

第2章 あるべき公務員という生き方

　「期待される公務員像」という常套句があります．公務員試験の面接では，直球や変化球を駆使してこのことが聞かれます．ここで空振りをしては何のために苦しい勉強をしてきたのかと悔やみます．また，みんなが優等生的模範回答では全員がお引取りとなります．自分の考えを堂々と述べられる訓練が必要となります．それには頭だけの知識では心もとないものを感じます．必ず聞かれる「ご当地質問」も考えると，フィールドワークもしくは頭での疑似体験が必要となります．消防士志望の学生がいました．消火と防火の知識は万全でしたが合格しませんでした．彼は消防署には救急の仕事があることが頭に残っていなかったのです．1年後の面接ではわざと救急の話に誘い込み，「血を流している交通事故被害者を見ても大丈夫ですか」との質問があったならば，自信を持って「大丈夫です」と答えなさいと助言しました．果たしてそのような状況があったのかは定かではありませんが，翌年には彼は合格しました．簡単な話ですが，相手方が何を求めているのかを知ることが重要なところなのです．

　以上のことは公務員としての生き方と関係してきます．ただ何でも公務員になれるのならばよいと考えている方は少ないと思います．公務員のある分野で，その道のプロとなるには心構えとともに，誓いにも匹敵する生き方を自分のものとしなければなりません．面接試験では，仲間として迎えても精神的に耐えられる人物なのかが重要な評価ポイントです．それは知識以前の適性に関するところです．もう「でも・しか」の時代ではないと断言できます．

6. 階級社会の極致
——廣幡賢一『自衛官という生き方』
イースト新書，2018年

　著者は甲南大学卒業後の1987年に陸上自衛隊一般幹部候補生として入隊，55歳の2017年に2等陸佐で退職したとのことです．大学のゼミ教授には「兵隊に

なるのは賛成できない」と言われたそうです．多くの自衛官は職業欄を「公務員」としているようですが，著者は「陸上自衛官」を経歴にしていることを誇りに感じているそうです．自衛隊というと戦闘職種普通科がイメージされて，戦争での闘いに備える仕事と思われますが，音楽科や会計科など16種類もあるのです．著者は法学部卒業のため旧陸軍の憲兵にあたる警務科を希望しましたが，普通科になって途中変更はないと言われました．普通科は自衛隊任務の「国防」「災害派遣」「国際協力」の前面に立つものであって，よく考えてみると，これらは実際に出動がないほうがよいものばかりです．しかしながら，制度として国を守るための非常時に備えていると解釈できます．

　2 年の任期付き勤務もある陸士，一般会社での正社員に当たる陸曹，中間管理職としての陸尉や陸佐，トップである陸将とピラミッド状の階級社会そのものです．幹部になるには防衛大学校卒業の者と同じ形で，久留米の幹部候補生学校に入校しなければなりません．正社員である一般曹候補生として入隊するには，高卒程度の学力試験と身体検査があります．入隊から 3 年ぐらいで曹となることが可能です．定年は53歳ですが，再就職先は万全といえます．それでも一人前の曹になるには最低 6 年の訓練が必要で，その育成には 1 人当たり約3000万円の税金が投入されています．入隊者は 6 カ月間の教育期間がありますが，10人の班構成で「連帯責任」を重視した 6 時起床23時消灯の規則正しい共同生活が強いられます．ここで適性が試されるわけですが，今の若者にとってはスマホ使用が自由時間以外では制限されているのが辛いとのことです．

　それが終わって部隊に配属されると，陸士は 4 人部屋，陸曹は 2 人部屋が原則での規律に縛られた 8 時集合，17時解散の規則正しい勤務となります．有給休暇は月 2 日ありますが，正直なところ消化率は悪く残業代もない状況です．著者は1988年 2 月に 3 尉，北海道帯広駐屯地小隊長で20名の部下を持ったのが初任で，ほとんどの人が年上でした．きれいな WAC（女性自衛官）に声をかけて食事に誘ったら，「ナンパの小隊長」と評判になっていると上官に叱られました．それから勤続 3 年で 2 尉に昇格しました．さらに 2 年で 1 尉に昇格し，このように士官として幹部になると，スペシャリストからゼネラリストにならなくてはならないと感じました．

　狭い世間であって義理堅いために年賀状は700通ほど出します．普段はアイ

ロンがけでの身だしなみがやたらと口うるさいですが，遊ぶときはバカ騒ぎになってしまいます．給料などで得るお金は地元に落とすことが原則で，自衛隊では「人に惚れ，地域に惚れ，部隊に惚れる」ことがよく言われる常套句です．駐屯したその土地の人とのつながりを大事にしなければなりませんし，いろいろなことでも地元優先です．着任から離任の間はその地域の人になりきれるのが理想と言われています．

　任官中は部下をかばうことが規制されていることを疑問に感じていました．つまり，どんな小さな出来事も上官に報告しなければならなくなっているのです．旧陸軍でも上官が部下のことを思い，自分の判断で事をおさめることが美談とされていましたが，今の自衛隊では事故防止のために，私生活でのトラブルであっても知り得たことはすべて上官に報告しなければなりません．これは当たり前のようでも，本音はリスク分散のように思えます．自由時間は酒かパチンコが楽しみですが，昔は消灯後も酒を飲みながらパチンコの話などをしていました．今では就寝時間後は当然のことながら許されていません．共同生活での連帯責任が強いために部下とのコミュニケーションが第一と考えますが，現在では規則が第一となっています．駐屯地外に住むことは認められていますが，当直などで月5日程度は営内に留まることとなります．女性自衛官はほぼ全員が現役自衛官と結婚しますが，「寿除隊」されるのはもったいない気がします．現在問題となっているのは独身の営内に留まる中年自衛官で，何らかの方策が必要と感じます．

　階級社会といえば，その極致が自衛官の組織です．組織論などでは軍隊型直系組織と表現するところの官僚制組織です．分かりやすい階層になっていて，規則に従うことが徹底されています．この新書の著者は既に除隊しているので率直に述べていますが，規則でがんじがらめよりも人間的なつながりが必要と感じられているようです．そもそも官僚制組織は人よりも規則に従うことが原則です．それは上司の**恣意性**（その場での思い付きなど）を防止するためです．しかし，メリハリを有しながら部下の小さな

反則行為を大目に見ることもマネジメントかも知れません．大学のゼミ教授が就職に反対した意味は分からないこともないですが，自衛官になるには本人のそれ相当の覚悟を必要としていることは間違いのないところと思います．

7．刑事ドラマと相違する現実
──久保正行『警察官という生き方』
イースト新書，2019年

　著者は北海道の高校卒業後の1967年，巡査として警視庁に入庁して2008年に警視長で退官した経歴です．刑事部の捜査一課にて極刑に該当する凶悪な殺人事件なども担当しました．誤解されるかも知れませんが，取り調べでは死刑に持っていくことを心掛けました．死刑が確実な犯人が生き伸びることをあきらめて正直に自白するような試みです．たとえば，「被害者のとこに行って詫びてこい．被害者は天国だろうから会えないと思うけれど，詫びることしかお前には選択肢はないぞ」などと，改心をして出直す道はないことを念押ししました．黙秘する殺人犯を「落とす」ことは，死刑制度を前提にしなければならなかったのが現実です．

　高卒で10カ月，大卒で6カ月の全寮制警察学校にて地方公務員警察官の基礎を学ぶことになりますが，キャリアの警察官僚が存在しているので警視正以上の国家公務員幹部になることは難しいといえます．警察学校では朝6時起床，午後11時就寝の規則正しい生活です．卒業後は巡査，巡査部長，警部補までは年功的に昇進しますが，警部，警視，警視正，警視長までは叩き上げ警察官でも可能な昇進のところです．警視監や警視総監はキャリアの警察官僚しかなれない制度となっています．大きな警察署の署長は警視正ですから，叩き上げ警察官の署長は多く存在します．女性が全警察官の10％になるように採用枠を拡大していますので，女性にも人気の職種といえます．

　最初は例外なく交番勤務で，日勤，夜勤，非番，公休を繰り返す勤務を経験します．交番とは善良な市民との接点であるとともに，凶悪な犯人と対峙する

こともある危険な職場であることを忘れてはなりません．制服に拳銃を携帯して犯罪の予防に当たることとなりますが，何か事件が起こると一番に駆けつけるのが当然のことながら交番勤務の警察官で，それゆえに間合いが大切と教育されます．非日常のご遺体と遭遇することもありますが，現場保存だけで本署の刑事に引き継ぐこととなります．刑事は私服で拳銃を携帯していますが，現場捜査を開始する前には鑑識による現場検証があります．犯人を別件で逮捕して拘束し本件を立証する方法が一般的で，特別捜査本部が立ち上がると最低20日間は帰宅できないことを覚悟しなければなりません．期間延長されても 1 ヵ月間の総動員体制が真相解明の勝負期間です．その後は応援の警察官は通常勤務に戻りますが，100日間での解決率 7 割が実績となっています．犯人検挙がかなうと比較的長い休みが取れることになりますが，最近は次々起こる事件のためにそうでもないということです．事件も複雑になって捜査が長期化します．殺人担当のベテラン刑事にとっては，無念の物言わぬ被害者からの訴えが分かると言います．たとえば，ご遺体の爪に犯人の手がかりを残してくれていたりします．

　聞き込みの捜査員はコミュニケーション能力が必要で，警察と聞くと拒否反応を示す市民が一般的です．次に裁判所による逮捕状ですが，裁判官への審査説明も論理的でないと発給されません．取り調べでは自供しても裁判では否認することが多いのが最近の傾向です．冤罪を勝ち取ったと報道されるような容疑者の取り調べは苦労しますが，それでも逮捕して殺人を立証したこともあります．部下の指揮監督をする立場になったときには，犯罪に対して燃えることもなく犯人検挙に執念のない刑事の処遇が難儀となりました．チームとしての成功体験を積み重ねることが大切ですが，逆に感情むき出しの燃える刑事の処遇も大変です．個人としては警察官としての適性が十分であっても，家族の理解が得られない場合も大変です．警察官の「警」は諫めることで，「察」は人の心を察することです．それゆえに断じて「警官」ではなく「警察官」なのです．未解決事件を背負い続けている警察官も少なくないのが実情です．犯人を捕まえることで苦しみは解消されますが，最近の死刑願望者による理由なき犯罪には心を痛めることがあります．

警察官も閉鎖的な階級社会です．拳銃を所持しますので，それで自殺を
したり他人を撃ったりと，一般人ではあり得ない状況も起こり得ることで
す．罪を憎んで人を憎まずと言いますが，凶悪犯罪者は死刑に追い込むよ
うな職業意識を感じさせる新書です．筆者である私個人は刑罰とは教育刑
だと考えております．どんな凶悪で人の道を外した犯人にも教育の必要が
あると思います．「お前など人でない」と言いますが，やはり人なのです．
ところが，自死の手段として死刑を選ぶ犯人にはどのようにすればよいの
かを，この新書の著者と同じように悩みます．死刑や別件逮捕が肯定され
た新書で，立場が変われば考え方も異なることを感じた新書でした．筆者
は著者とは相違して死刑や別件逮捕，さらに長期拘留には否定的です．犯
罪者である前に人間であるゆえの人権が問われるからです．

8．先生と呼ばれることへの責任
──鹿嶋真弓『教師という生き方』
イースト新書，2017年

　著者は30年間の中学教員の経験をもとにして大学教員となっておられます．
現役の中学教員の時には，最大の悩みは時間がないことでした．教育に付随し
たデスクワークが増加し，朝の8時に登校し，部活などの生徒が帰宅する18時
までの10時間以上も学校にいるのに時間が足りませんでした．少なくとも，8
時半の朝の学活から15時半の帰りの学活までは受け持ちの生徒と一緒でなけれ
ばなりません．教師になりたいというよりも，安定した公務員になりたかった
という教師は後悔していました．教育に情熱がないと割に合わない職業である
からです．校長が「指導力不足等教員」と認定した教員は，現場を外れて1年
間の「指導改善研修」を受けることになって，その資質を問われることになり
ます．現場では小さな挫折の繰り返しで「学習性無力感」に陥っている若い教
師は少なくありません．同僚や管理職に打ち明けることができずに状況は悪化

していきますが，一方ではその悩みを聞くことのできる管理職のなり手がいなくて困っているのが現場の状況です．教師間の男女では一緒にいる時間が長くなると親しくなっていきますが，職場結婚に至ると同じ学校にいることはできません．女性教師の場合は出産に至ることとなって，産休代替非常勤講師の登場となりますが，保護者や管理職にとって若い女性教師はそれを警戒しての「ハズレ」などと言われることもあります．

　一般的に教師は「ダメなものはダメ」と言いきれて，生徒に嫌われて一人前と言われています．「困った生徒」はかまって欲しいために教師に無理難題を言う場合もあります．その場合における「困った生徒」は「困っている生徒」と考えて接しなければなりません．いわゆる荒れた中学は理屈以前の世界ですが，女性には暴力を振るわないという彼らなりの仁義があって，暴言に怖い思いをしましたが，殴られたことはありませんでした．以前には地域にもそのような生徒にも対処していただけた人物がおられましたが，今では他人のことには干渉せずの地域社会となっています．そのために，かまってもらいたいためにわざと非行をする生徒も少なくありません．担任の教師もすでに学級崩壊していても，同僚に助けを求めると，「仕事ができない」と思われるためか躊躇があるようです．著者自身もそのことに悩んで「教師やめようか，人間やめようか」と退職を決意したぐらいです．

　少年院などで行なわれている「内観」をエンカウンターとして実践しました．幼いときに親からしてもらったこと，さらに，親に反抗し返したこと，迷惑をかけたことなどを内省することで自らをさらけ出す手法です．親からの手紙には生徒は純粋に反応しました．自分を理解することは他者を理解することで，身近な人物がその手段としては最適であることが分かりました．自分と異なる考えがあることを知ることは自他ともの承認であり，素直に感情が表現されることとなります．教師に本音が言えるようになるのです．教師や保護者は「ちゃんと」とか「しっかり」，さらに「がんばって」と励ましますが，「困っている生徒」にとっては何をすることが「ちゃんと」で，どうすれば「しっかり」なのか，どう「がんばればよいのか」を寄り添って考えなければ逆効果といえます．少なくとも学校である限りは，勉強をやりたくない生徒にも勉強させなくてはならないのが至難の業です．

　授業は「待ちの姿勢」です．生徒が興味を抱くまでキューを発して待つのです．成績評価を単純平等にすることも考え直す必要があります．10問正解を100点とするならば，なにも１問10点にすることはないのです．１問しか答えられなかった生徒には，30点を与えることでやる気も出てくるのです．教師側も教えることのプロ意識によってのネットワークが必要です．仕事の悩みを打ち明けることや，技術的なことを教えてもらう同僚間のコミュニケーションが必要です．今では教師による職場慰安旅行がなくなって久しいですが，それに代わるコミュニケーションが不十分と感じます．たとえば，クレーマーやモンスターペアレントに対しても，まずはその怒りを受け止めることが重要です．それから説明し，質問し，確認する対応なのですが，教師１人を孤立させてはなりません．

　「先生の先生」の存在が必要になっているのではないかと感じます．校長，教頭，教務主任はその役回りのはずなのです．まずは，先生を育てなくてはならないと感じます．管理主義の徹底で忙しくなって，時間がないと現場では悲鳴を上げているそうです．生徒の無知よりも教師の既知が，教育における障害になっているのではないかと思います．つまり，自由に伸びようとする子どもに競争心を焚きつけるのは教師なのです．学校である限りは勉強の場であり，遊園地ではないことは分かります．それでも教師の価値観によって，受験を前提にした知識の詰め込みには疑問が残ります．良い高校に行って，良い大学を出た人は，必ず「善い人」になれるのでしょうか．教科担当の教師とよいコミュニケーションが築けないと，生徒にとってはその教科は不得意科目となる確率が高いと思えます．ましてや，クラス担任の教師の役割は生徒の人格形成に影響してきます．「先生の先生」の存在が権力的な管理に組み込まれないように自然に形成されることを願わずにはおられません．

9．子育てと子育てという職業の両立
—— 井上さく子『保育士という生き方』
イースト新書，2018年

子どもと過ごす時間とは初めてのことだらけで，毎日が経験ということです．保母と言われて「預かってなんぼ」の託児所的仕事から，保育が必要な仕事に変化してきている現在でも，小学校の教師と比べても職業としての社会的認知度は低いと感じます．実際に保育現場で働く人は保育士資格者の約半数です．つまり，保育士資格を有しながら職業としての保育をしていない人が半分に達している事実です．退職して復職しない人が多いのです．理由は給与が安い，休みが取れない，責任が大きいという３つです．現実に保育の必要な年齢の子ども相手の仕事は，事故も少なくないのが実情です．保育所での０歳児は保育士なしでは何もできない存在です．１歳児になると自我が芽生えて自己主張するようになります．２歳児や３歳児は友達づくりにて社会的になってきます．４歳児になると仲間意識を抱くようになり，５歳児や６歳児はルールを認識して仲間同士で作り始めるようになります．つまり，自分でやってみたい気持ちが大きくなる時期なのですが，それがうまくできないことを経験して学ぶことになります．「魔の２歳児」「悪魔の３歳児」と言われるのはそれがはじけるためです．それを経て，自分のことを自分自身が認めるようになります．ケンカをし，イタズラをするのが成長です．それゆえに「やめろ」でなくて，「どうして」と向かい合います．

認可保育所においては「早番」「普通番」「遅番」があるのが一般的です．保護者の雇用形態によっては24時間保育所すら存在します．子どもたち誰もが学ぶ権利があるとするならば，保育を平等に無償で保証すべきと考えています．学齢年次前の教育は平等であるべきと考えます．その教育に当たる保育士も子どもが好きということはきっかけにはなりますが，それだけでは保育士資格を取得しても，保育士にならない学生となる公算が高いと思えます．保育士になるには一大決心が必要と考えます．また，このように子どもの成長に重要な影響を与える乳幼児保育それに伴う教育は，誰もが受けられるように無償化すべきと考えます．

　まずは，保育の教員であるとの意識が必要と思います．たとえば，電車の中で赤ちゃんや子どもの言動を観察することは職業意識として重要です．また，子どもを信じて「待つ」姿勢も大事です．子どもは何かがスイッチになって動き出します．それには「異年齢交流」もスイッチの役割を果たすことも経験しています．年少児に対するお兄さん役やお姉さん役の存在は，双方とも成長させることを意味します．女性保育士は出産を経て母親になると，自分の生活と職業とに葛藤が生じることもあります．子どもを保育所に預けて保育所で勤めることは，まず自分の子どもを面倒見るべきとの意見もありますが，職業と家庭の両立という点では保育士を職業にしていない人と同じと考えます．それが職業であるゆえにおいて，保育所入所をお願いするのです．

　職業を離れて地域では保護者同士で，子どもの成長を助け合う気構えが必要です．地域の保育所は地域の保護者同士をつなぐ役割もしていますので，職業が保育士であっても地域の保育所の集まりには，保護者として積極的参加します．職業的にも，また，自分の子どもに対しても，「指示，命令，禁止」の発言は子どもの自己肯定感を阻害することになると心に銘じています．「イヤ」「ダメ」「やめなさい」「早く」といった言葉は慎むべきなのです．そのような言葉を発しないでどうするかが大事なところと考えます．

　保育士として長く勤務していますと，園長などの保育士をマネジメントする役割に就くようになります．現場の保育士を自らの信念によって指導しなければならないのです．主任保育士は現場の保育士とのパイプ役で，園長によって保育所の質が決まると言っても過言ではありません．冷たい保育士がいるとの保護者からの苦情に対して，その保育士を指導していかなくてはならない立場です．また，保護者にその保育士のよい面を探してもらうのも大事なところと考えています．大声で「指示，命令，禁止」用語を使わなくても，保育のプロだったら寄り添って声掛けをすることができるはずなのです．わざとマニュアル化せずに，考える保育が保育士も成長させると考えています．

保育とは社会保障と教育と考えています．教育では義務教育の小学校は

公立校が圧倒的なのですが，保育所は民営化の流れになっています．ここでの本当の民営化は「民間経営化」でなくて「市民経営化」だと考えます．保護者同士は地域のつながりです．地域の保育所としての意識では，公立小学校のように画一的にならなくてもよいはずです．より地域性を鮮明にした保育所に期待するところです．たとえば，地域の高齢者とのふれあいなどは推進していくべきと考えます．保育士の負担は大きいものと思いますが，保育所は建物内や園庭だけの教育でないことを進めて欲しいと思います．最近は男性保育士や高齢保育士も増えているようです．託児所でなくて教育の場であることを，地域の人々も認識しなければなりませんし，将来は無償化と義務教育化に進んでも不思議でないと思います．まずは，保育士と小学校教諭とは教育に関しては同等との認識が一般化しないと，「預かってなんぼ」の世界になってしまいます．

第3章　型にはまらない公務員

　公務員というと，型にはまったイメージがあります．黒澤明の映画『生きる』で描かれた公務員は「すでに死んでいる役人」としての市民課長でした．はじめから横になっている公務員はそれ以上倒れません．立ち上がって何かしようとすれば，倒れる可能性もあるのです．自らの命も短いと知った市民課長は立ち上がるスイッチが入ったのです．本務外のことであっても，「地域の利益」を考えられる公務員が本物の公務員です．よくスーパー公務員やカリスマ公務員が話題となりますが，「地域の利益」を考えていても，当事者である地域人材を食ってしまうような公務員は，地域の自立を支援しているのでなく阻害していることになります．その公務員がいなくなれば何もできなくなるような地域であるならば，その公務員は善意であっても反省すべきです．要するに，「地域の利益」のために何をすべきなのかです．そしてそれは地域人材によって持続性を有するかなのです．

　公務員の世界では，「ハコモノ」「スジモノ」「ヒラバ」などと言います．立派な会館や道路，そして公園などをハードとして生み出す力です．問題はその後の持続的管理運営にあります．これはハード面に対するソフト面ですが，地域資源としての「カネ」「モノ」が一時的に提供できても，それを継続させる「ヒト」が重要なところであると考えます．たとえば地域から自治会館を作ってほしいとの要望がありました．その運営のために公務員を配置することになるということは，「自治」でなくて「官治」です．公務員はハードである「モノ」を作ったことによって評価されますが，本当に評価される公務員はソフト面での「ヒト」を創った公務員です．

10. 地域のセールスマンを目指す
—— 高野誠鮮『ローマ法王に米を食べさせた男』
講談社＋α新書，2015年

　天井の電球が切れていたら，騒いだところで暗いままで誰かが取り替えない
と解決にはなりません．著者は1955年羽咋市生まれの日蓮宗の住職で，羽咋市
役所臨時職員から正規職員になった経歴，テレビの企画構成作家としての履歴
を生かして「UFOのまち羽咋」の仕掛け人でもありました．農林水産課に異
動した著者は，農林漁業の欠点を自分で値段をつけられないことであると認識
しました．1次産品から加工品にて付加価値をつける1.5次産業化を考えたの
ですが，ここでの最大の障壁は農協であったことが分かりました．そこからが，
今回の対象地域である神子原地区とのお付き合いです．

　多くの公務員は上司の顔色を見て仕事をしますが，トップである市長のお墨
付きのために「稟議書」によるボトムアップの伺いを省略できるという特権を
得ました．会議も企画書もなく独断専行で事業を進めることができたのです．
組織の中でこの試みを理解できない上司よりも，理解をしようとしない上司が
多いことに気づいて，意識的に無視したのです．しかしながら，直接の上司で
ある課長は「犯罪以外は全部責任を取る」と，農業による地域づくりを早急に
実現しなくてはならないことを理解してくれました．

　予算は年間60万円でした．神子原地区に出向いて予算の説明をしますと1桁
違うと馬鹿にされ，集会所の怒声に負けないように「役所をあてにせずに失敗
には責任を取ってください」と主張しました．役所において予算が付くという
ことは，事業として認められたということです．協力するが失敗には役所か農
協が責任を取ってほしいとの考えが農家のこれまでの常識で，「このままで過
疎にて死すか，それとも何かを起こすか」と，自ら売れる商品を生産して値決
めすることの重要性を説きました．まずは農産物への「オーナー制度」での販
売で，農協よりも高い価格設定が成功するかの様子見となりました．次に「烏
帽子親農家制度」を発案し，若者の農業体験を募集し，大学生の農家民泊受け
入れを始めたところ，これは予想以上に成功でした．地域では日本語も確かで
ないアメリカ人のゲーリーは，「洋介」として農家のおばあちゃんの中では人

気者になりました.

　法政大学の援農合宿が定着して, 賑やかな過疎集落が実現することになりました. そうなると若者のアイデアを活かし, 農協に出したら数十円のかぼちゃが煮たり炊いたりケーキにしたりプリンにしたりすると, 1 万円の儲けも可能であることを知ることになりました. ここからが神子原ブランドをかけた勝負で, 献上米として受けてもらえるかを天皇, ローマ法王, 各国大統領へ手紙を送りました. その結果, 神の子の高原 (the highlands where the son of God dwells) との名称に対して, ローマ法王のバチカン国に興味を抱かせることに成功しました. 人口では800人しかいないバチカン国と500人の神子原との架け橋として, ローマ法王ベネディクト16世がライスコロッケにして召し上がられたということでブランドとなったのです. 地元だけでなく日本, 世界のマスコミで取り上げられることになりました. その結果, 高級食料品を取り扱うデパートからも商談が持ち込まれて, 米の袋には著名な書道家がその過疎高齢化への対応の趣旨に賛同して商標を書いてくれました. その米による日本一高い酒「客人」もマスコミの話題となりました. 受け皿としての会社づくりも169世帯中131世帯の出資により, 農業法人「神子の里」が2007年に立ち上がることによって, 成功事例として証明することができました. 出資者はその後に増えて147世帯となっています.

　声の大きい有力者の意見を意識的に無視して, 奥さん連中の発案を生かした直売所を完成させました. 当然, 男性から文句が出ましたが, 現実に運営する女性の意見を入れることによる反論でトーンダウンしました. 売り上げは 1 億円に達して, 役所か農協しか就職先がない過疎地に雇用が生じたため, 何かをしようとする若者への未来も開けたと感じています. これを「心おこし」と称しています. 地域人材には, 「いては困る人」「いてもいなくてもいい人」「いなくてはならない人」の 3 種類がいます. 評論家でなくて当事者として自らの行動を決められる人が必要です. 地域の人が自らの心をおこすことが最も重要なことなのです. ここで著者自らが僧侶であったことが, 地域に受け入れられた誘因ともなったと考えています.

　役人には起業家や経営者センスに欠けています. まさに今の役所は役に立つ所ではなくなっています. 失敗した数だけ部下を褒めてやる上司が「いなくて

はならない公務員」を育てると考えています.

　　失敗したらどうするなんてマイナス思考でなくて，とりあえずやってみることであると考えます. やってもやらなくても給料は一緒が役所では支配的な考えです. また，役所にて公務員という立場の組織の中にいる限りは，上司から責任ある言動を取るようにとの注意を受けます. それは「俺の立場はどうなる」ということからの制止と同じです. 「責任は自分がとるから，やってみろ」という上司に恵まれることは滅多にありません. そうなると，「邪魔だけはしないでください」と，上司を無視してやるしかありません. しかしながら，普通はそれも適いません. 唯一の例外は首長の特命という切り札です. 公務員の場合，給料の2倍3倍に匹敵する働きをしても給料が上がることはありません. 自らの本気度が地域の人に分かってもらえたという自己満足だけです. その自己満足が地域を動かすことになるのですが，定期的な人事異動においては妬まれての配置転換の対象になってしまいます. しかしながら，上司に暴力を振るわない限りにおいて業務命令無視として懲戒免職になることは，公務員の世界ではないと考えられます.

11. お前はあほかと言われても
──円城寺雄介『県庁そろそろクビですか？』
小学館新書，2016年

　佐賀県庁職員である著者は，救急医療改革においては上司の理解がなかったならば，「お前はあほか」と言われる「はみ出し職員」であったでしょう. 組織の中に取り込まれるぐらいならば，組織からはみ出して主体的に行動しようと考えたことが，この一件につながっています.

　県庁医務課に異動となったときに，消防署に単独で出向いて救急車への同乗を懇願しました. 県庁職員がそのようなことをした前例もなく，しかも消防署

は市役所の所轄であったのです．公務員は現場主義に徹しなければならないとの考えからの言動でしたが，この言動はあきらかに「はみ出しすぎ」であったと考えられます．おそらく，そのことを上司に願い出ても却下されたと思います．しかしながら，はみ出す覚悟さえあれば何でもできることを証明する機会でもあったのです．個人的にははみ出す覚悟があっても，組織という集団で働いている限りにおいては，上司からの下達があるまで指示待ちすることが一般的な常識です．そのような組織に取り込まれることを拒否するような職員は最悪ではクビもあり得ることです．当時の古川康県知事が著者の言動を支持してくれたために，話が複雑になってクビがつながったのです．はみ出すことに意味があるのではなく，最終的に県民のためになるには，はみ出す覚悟が生じるとともに周囲に迷惑をかけない言動が必要なのです．

　入庁時に配属された土木事務所では，一日中パソコンに向って謎の仕事をしている同僚がいました．ベテラン職員よりも若手職員が難航した事案に動員されるようなことが，現場では若いときの苦労として生じています．また，行政職員は法律や規則を逸脱したことはできないため，法律を勉強してこその現場主義といえます．根拠があれば新たなルールも作れる環境ですが，前例踏襲主義で仕事は無難に進められていきます．法律も少し勉強したところでの次の異動は生産者支援課でした．農林水産業に携わる人たちの共済や金融にかかわる仕事です．農協などの抜き打ち検査では，金融や経営に関する知識がない職員が配属されると，相手のほうが精通していることを思い知ることになる職場です．相手先の職員トイレや食堂などの掃除の行き届き具合によって，マネジメントに問題があることを推定できますが，もちろん，専門的知識に精通していなければなりません．

　次の異動先は職員研修所で，知事が重要視していた人材活性化の仕事をしました．そこで気がついたのですが，「やらされ感」の少ない仕事とは変革を自ら起こすことで，それは「はみ出し職員」への第一歩でもあるということです．信念を持って仕事をするということは，一歩前に出て嫌われる勇気も必要であることを知りました．そして，今回の話題となる医務課への異動です．前任者の5年間の仕事が何も知らない著者に任されたのです．現場のことが分からないので，救急車への同乗や緊急搬送病院の立会いによって実態を知ろうとしま

した．それは救急隊員や医療関係者にとっては邪魔者の登場以外の何者でもなかったと思います．アポなしに飛び込んだ佐賀広域消防署は，この救急車同乗の申し入れに対して「お前はあほか」と思ったことでしょう．何回も顔を出すうちに，副課長がその本気度を認めてくれました．同乗すること自体が邪魔な存在なのですが，同じ制服で「研修中」の腕章をすることを条件に認めてもらえました．感染の危険性などと否定的な考え方はいくつも可能ですが，このことは救急隊員の上司や医療現場の医師などの理解があって実現したことであると認識しています．

そこで判明したことは外傷よりも疾病による緊急搬送が増加している事実でした．受け入れ側も疾病ならばそれなりの情報がなくては手探り状態です．常に手一杯の医療現場である搬送先では，主治医以外での受け入れは遠慮したいのが本音で，結果的にたらい回しになる実態を知ることになりました．そこで救急車にiPadを装備しての情報の見える化を思いついたのです．受け入れ先の検索の円滑化という意味もありますが，まずは情報共有による見える化によってデータ分析が可能となるのです．佐賀県の農村部ではそれでも緊急搬送に時間がかかるので，それを短縮するにはドクターヘリ導入にたどり着きました．年間2億円の捻出には本気度が問われた一件です．

現在は情報部局で地域のICT化に取り組んでいます．本音は医療版マイナンバーの必要性でありますが，これは社会的にも大きな問題といえます．著者はスーパー公務員とは自らは認識していません．また，ヒーロー公務員への賞賛も疑問視しています．クビになることを覚悟して正直に仕事をするならば，組織との軋轢は必ず生じるものと分かりました．つまり，クビになることを覚悟できたならば，「お前はあほか」と思われる仕事も実現するのです．

公務員の仕事を辛いことだと認識したならば，このような多大なエネルギーを必要とするプロジェクトはできません．おそらく著者本人もそのことを楽しんでいるに違いないと思います．それを「自己効力感」と称します．実は筆者である私もかなり前ですが，救急車で運ばれるという貴重な

体験をしました．救急隊員の方は絶えず私に問いかけをしてきます．たとえば「生年月日は」とか，「健康保険はどんな種類ですか」とか，「かかりつけの先生は」とかです．「安心してください．すぐに病院に到着しますから」とか言ってくれているのですが，なかなか救急車は出発しません．後で聞いたのですが，パソコンで受け入れ先を探していたようです．「発車しますので，しっかりと掴まっていてください」と言って，一軒目の近くの病院に到着して検査および診察を受けることができました．今回の新型コロナウイルス感染防止では，発熱患者からの感染のリスクも背負いながら，感染防止策が万全な病院を受け入れ先にする救急隊員の努力に頭が下がる思いです．

12. 本当に辞めた
—— HARU『グッバイ公務員』京阪奈新書，2018年

著者は2018年3月に14年間勤めた奈良県庁を退職しました．現在35歳，2児の父親です．退職の際は「もったいない．定年まで働けるのに」と，バカ扱いされました．退職の理由はやりたいことをやりたいでした．「それでメシが食えるのか」と，99パーセントの人に反対されました．特に，実父と実兄は頑強な反対派でした．また，妻は自ら決めたことを制止しても無駄と「あきらめ顔」で，むしろ支援の立場をとってくれました．大学生の学資を負担している親からすると，公務員になることがこの子のためになると，本人以上に真剣なのです．人生は一度きりなので，自分の人生は自分で決定すると啖呵を切っていますが，家族には迷惑をかけているのかも知れません．

生い立ちを紹介しますと，漫画が好きな少年でしたが，「そんなに読めてすごい」と褒めてくれる大人は誰もいませんでした．ほとんどの大人は，「漫画ばかり読んでいるとアホになるぞ」と言います．しかし，よく考えて見ると，魚の好きな「さかなクン」も魚に没頭したおかげで東京海洋大学名誉博士になっているではありませんか．それでメシが食えるかは別として，誰もが好きな

ことに没頭する力は持っているはずと考えます．没頭力を奪う強制と禁止に抵抗したのです．何故，やりたくないことをやれと言われ，やりたいことをやってはダメと言われなくてはならないのだろうかという疑問です．学校の常識として，みんなと同じようにできない生徒はダメな生徒ということもおかしいと思います．このような個性を無視するところの教師や上司との上下関係に抵抗があったのです．自らが子どもの親になって，「早くしないと保育園に遅れるぞ」と強制している自分を発見しました．実のところは「自分が職場に遅れるから早くしろ」と言っているわけで，そのようなことは子どもには関係のないことといえます．そもそも自分が職場に行かなくてはならないために，保育園への付き添いがあるのではないかと反問した次第です．

　親の期待のとおり勉強して公務員となりましたが，合格してこれで勉強しなくても良いと感じたのが本音でした．奈良県庁職員となってからの仕事には興味も湧きませんでしたが，10年目にして希望の広報課に配属されたことからスイッチが入りました．これがやりたい仕事と感じて頑張りましたが，人事異動にてその仕事から外されると元通りになりました．皆さんは宮仕えなので当たり前と思われるかも知れませんが，著者は我慢できずに退職を決意しました．公務員には社会のためにやるべきことを自ら考えて行動する者が1割，逆に指示されたこともできない者も1割です．後の8割ぐらいは上司に指示された仕事を粛々とこなすことに疑問を感じていない者です．著者は役所のためでなく社会のために働くことを真面目に考え，上司にも水平的関係を保とうとしました．それが型破りだったのかも知れませんが，フェイスブック開設に理解のない上司には何を説明しても無駄でした．ところが，議員から議会で質問されたらたちまち積極派に方向転換するような上司でした．無駄なことでも前例踏襲主義で，新しいことには「ことなかれ主義」の公務員がいわゆる出世していきます．議論もなされることもなく，突然の人事異動で希望の仕事から外されました．ピラミッドの官僚制機構においては，上下関係で人事権も握っているのが定年間近の「ことなかれ主義者」が多いのが現実です．著者ならば対等にモノが言える職場を目指しますが，自らにはその権限がなく理解のない上司に従わなくてはならないことが耐えられませんでした．それがいやで辞めたのは著者の勝手で済む問題でしょうか．

　著者が職場で提案したのは① チームで役割分担すること，② 成果を出す職員を評価すること，③ 時間に縛られない勤務形態で仕事ができることでしたが，このような「働き方改革」は公務員では実現が難しい問題です．決裁権を握っている上司に企画を邪魔されて消耗するぐらいならば，退職して自らの裁量の利く仕事をしたいと思いました．「年齢」や「役職」だけで相手を敬う組織の論理には否定的でした．一般的には短気を起こして退職するのではなくて，我慢し続けて裁量権を有する役職に到達することが宮仕えだろうと思いますが，意欲のある若いうちにやりたい仕事をやりたかったのです．公務員になれば安定した社会のレールに乗れるわけでもないし，人生ではリスクをとらないことがリスクになる可能性も高いと感じています．

　退職後，ストーリークリエイターとルイーダプロジェクトなる活動を立ち上げています．人間にしかできないストーリーを創造する仕事です．新時代の寺小屋兼コワーキングスペース兼酒場のゲストハウスが「ルイーダ」です．人間性とは思いやりと情熱と考えています．好きなことでメシが食えることが理想です．その理想に近づける努力が必要と思います．若手のやる気を殺ぐような働き方を強いる従前の自治体には，すでに良い人材が集まらない時代になっていると思います．

　そうなのです．公務員の仕事は時間を拘束されて苦役を強いられるようなものではありません．上司や役所のために仕事をしているのでなく，社会をよくするために働いているのです．公務員としての期間を仮に40年とするならば，10回以上は配置転換を経験します．これが「天職」と感じた仕事も，人事異動によってご破算となります．再びその仕事に戻れることもありますが，その希望は一般行政の事務職では叶えられない場合がほとんどです．希望と相違した仕事において活路を見出すことが一般的ですが，そこで腐ってしまう人を多く見てきました．自らのキャリアを描けないのが公務員の仕事です．そこで考え方を改めて，いろいろな仕事を経験させてくれることをプラスに考えられる者が精神的にも強いことを感じていま

した．著者のように思い切って見切りをつけるには，相当の勇気を必要と
します．筆者である私はいつでも辞められるとの思いから，自主研究会な
どで知的刺激を得ることにしました．NPOや自治体関係の学会活動もや
りました．ただ我慢をするのでなく，将来のための充電をすることも重要
なことと感じていました．ただし，役所での仕事にエネルギーの100パー
セントを使用している人からは，快くは思われていなかったと感じていま
す．

13. チームでの成果を
──熊本県庁チームくまモン『くまモンの秘密』
幻冬舎新書，2013年

　熊本県庁内の複数の課にまたがりチームを組んだ平成22年のプロジェクトで，
おもしろいと感じた職員が集まりました．現在では専門担当課が対応していて，
全国いろいろな所に出没する仕掛けです．そもそもは九州新幹線全面開通によ
って，熊本が地盤沈下するのではないかとの危機感より生まれたプロジェクト
です．くまモンは地域密着だけではなく，大阪での熊本の知名度アップを目的
としていたため，まずは甲子園に出没しようとしました．交渉の結果，くまモ
ン自身の知名度を上げるために看板広告を掲げることになりました．もちろん，
それだけでは不十分です．平成22年9月，大阪市中央公会堂前に2メートルの
巨体の神出鬼没作戦を敢行しました．子どもが不思議そうに見ていましたが，
そのうち大人も寄ってきました．次は甲子園球場に熊本宣伝のうちわを持参し
ての出没です．平城遷都1300年祭会場にも出没し，吉本新喜劇で派手にコケて
知名度アップを図りました．名刺も作って名前を覚えてもらう作戦です．それ
でもこの時点では熊本県庁非常勤職員でした．

　3月12日は九州新幹線開通キャンペーンの日でしたが，その前日の3月11日
に東日本大震災が発生しました．祝賀会や歓迎イベントはすべて中止となりま
したが，こんなときこそくまモンに被災地義援金の募金活動をやってもらおう
との知事の提案です．また，保育園児や幼稚園児に愛してもらうためにくまモ

ン体操選手権も考えました.

　くまモンにかかる年間予算は8000万円, 広告費としてはそんなに大きな金額ではありませんが, その効果は6億4000万円と言われています. 熊本県に利益をもたらしたくまモンは熊本県営業部長に昇進しました. 熊本県出身のタレントであるスザンヌは熊本県宣伝部長です. 2年目の平成23年4月からは単なるゆるキャラではなく売るキャラにしようとの提案で, 「エースコックのスープはるさめ」「味覚糖ぷっちょ」「カゴメデコポンミックス」と熊本県の特産品で作る製品にくまモンを出没させます. 大手の食品企業であるカゴメからは営業部長にとのお誘いもありましたが, 公務員は兼職禁止が原則です. しかしながら, 熊本県を宣伝できるCMには積極的に出演しました. もちろん, 熊本県の広報や宣伝はくまモンの本務でもあります. 神戸屋の「熊本阿蘇ジャージ牛乳蒸しパン」, チロルチョコの「熊本名物いきなり団子」と商品売り上げ総額293億円です. 阪神タイガース背番号096（熊本県市外局番）のユニフォームを着たグッズも人気の的です. 他球団からの話もありましたが, くまモンはロイヤルティや利用料不要のために, くまモンチームが検討して利用許諾を与えています. はじめに話に乗ってくれたところが優先でライバル企業との同時許諾は難しいのですが, モテモテになるたびに熊本県の宣伝効果が上がります.

　地元企業では複数社が「くまモンタクシー」や「くまモン通帳」を使用して人気を博しています. 熊本のホテルには「くまモンルーム」もあって, 子どもたちに喜ばれています. 農業の6次産業化にむけた「熊本サプライズキャラクター」としてのくまモン出没は, くまモンを利用しての他県との商品の差別化に役立っています. くまモンによって熊本の特産品であることを強調しているのです. これを「くまモンによる県産品の10次産業化」と呼んでいます.

　観光農園や農業体験にはくまモンが活躍しています. 観光では熊本に行ってくまモングッズを手に入れたいというニーズが, くまモンについての話を聞いて体験したいに変化してきています. 東京といえばスカイツリー, 京都は金閣寺, 広島はもみじ饅頭ならば, 熊本はくまモンです. 「くまモン高齢者ドライバーマーク」も出現しています. もはや, チームくまモンから手が離れて一人歩きしています. しかしながら, 原点は子どもです. 動物園から出発したくまモンが保育園や幼稚園に出没するわくわく感を大事にしたいと考えています.

県庁は国から言われたことばかりやっているのがよいのではないという一例に
なれば，少なくとも自治体が国のために思考停止になることを防止できます．

　業績には個人による短期的なものと，集団による長期的なものがありま
す．公務員が目指すのは後者かも知れません．東日本大震災自粛を破るこ
とを県知事が提案し，こんなときにこそ人を楽しませることを実践すべき
との発想から広がりを見せました．一部の県庁職員の取り組みが熊本県民
の取り組みへと広がって行きます．その5年後の熊本地震の際には，県民
の励ましの対象となりました．このようにくまモンは熊本県のアイデンテ
ィティになったのです．上から仕掛けられたゆるキャラが県民のものにな
った例です．彦根市の「ひこにゃん」も有名ですが，同じ彦根市の花しょ
うぶ通り商店街から生まれた「いしだみつにゃん」は，下からの仕掛けで
メジャーなものに対抗する精神がおもしろいです．ゆるキャラに使う税金
があれば，もっと深刻な問題の解決に使えという説もありますが，アイデ
ンティティとして敷衍化しているかがポイントです．それが上からでなく
て下からならば，本当の地域おこしと考えます．くまモンは公務員からの
発想でしたが，県民の支持を得て見事に地域性を発揮しています．つまり，
県のシンボルとしての出没によって共同性を有することにもなっているの
です．

第4章 公務員は気楽な稼業か

　この章では公務員に対して否定的な辛口も取り上げます．ちょっと待てと言いたいものもありますが，一般的には公務員をクビになったらどこも勤まらないといわれています．もちろん，懲戒免職になったことを履歴書に記載してあったならば，気安く雇用してくれるところはないと思われます．刑事罰とともに行政罰も背負う公務員の宿命かも知れませんが，そこまでいかなくても経歴書に公務員経験が記載してあったならば，どうして公務員を辞められたのですかと聞かれることは覚悟しておかなくてはなりません．つまり，公務員の中途退職者に対する世間の目は厳しいのです．そのために自らも公務員を辞めたらどこも雇ってくれないと認識して，現状に安住している公務員も見受けられます．また，公務員は民間企業従事者と比較して恵まれすぎているとか，給料を貰いすぎの税金泥棒などと批判する人もいます．逆の言い方をすれば，民間企業こそがブラックにこき使われているとの論法も成り立ちます．働き方改革というならば，それを労働者本位に改革しなければならないのですが，実のところ公務職場もかなりブラックです．しかしながら，それが当たり前では断じてありません．

　やりがい搾取（教育社会学者の本田由紀が名づけた造語．やりがいを意識させて，その補償がない医療現場や教育現場のような仕事や職場）という言葉がありますが，公務員や公務職場もブラックということに当てはまります．結果として地域の利益になるならば，それもありかと考えられなくもありません．市民本位の民主的な行政とは，口で言うほど生易しいものではありません．もちろん，基本的人権は尊重されなくてはなりませんし，サービス残業などは論外であると考えます．だから，時間外手当さえ支給すれば**青天**（上限なし）というのも問題です．たとえば，公務労働として一番過酷な議会開催中に役所の利益のために長時間残業を強いられるようなことは，結果としてそのことが地域の利益となっているのかを検証してみる必要があると思います．災害時などの臨時の公務と同じ

ように考えることには否定的にならざるを得ません.

14. 公務員は既に認知症
——長谷川嘉哉『公務員はなぜ認知症になりやすいのか』幻冬舎新書，2013年

　65歳以上の7人に1人が認知症になると言われています．長生きをすればするほど認知機能の低下は認められますが，日常生活ができないわけでもありません．「認知症＝廃人」とのイメージが先行していることが問題です．確かに認知症の完治は困難ですが，神経細胞間の流れを良くすることで進行を遅らすことは可能であることが分かっています．また，周囲の配慮や薬の服用によって，穏やかに楽しく生活を続けることができることも証明されています．記憶を司る「海馬」の萎縮のための物忘れとともに，感情を支配する「扁桃核」の萎縮も重要です．扁桃核を刺激することが認知症予防にもつながることも分かってきています．喜怒哀楽が乏しいと扁桃核の衰えが指摘されるところで，公務員のような仕事でのマンネリ職業は要注意と言われています．「昨日の昼食」を尋ねると何を食べたか分からないのは物忘れで，食べたこと自体を忘れてしまうのは認知症との認識です．

　たとえば1万円を財布に入れて買い物をし，結果的に2000円になっていたら，8000円を買い物したとなります．ところがこの買い物が記憶になければ，8000円は誰かが盗んだとの結論になるようなことが生じます．認知症は「記憶障害＝海馬の機能低下」なのですが，無欲，無気力，無関心，怒りっぽいなどの症状は「不安定な感情＝扁桃核の機能低下」が原因なのです．宇宙飛行士が無重力に慣れたら地上では立てないのと同様に，脳への刺激がないと廃用に至り，海馬や扁桃核が萎縮して認知機能が低下します．上意下達のマニュアルから離れられない公務員や十年一日同じ講義の教員，経営者の指示に従うのみの会社役員などは認知症になりやすいと結論できます．つまり，判断力が求められずに脳への刺激が少ない職業と考えられるのです．一般的に公務員は前例があるかとか，マニュアルに外れていないかで仕事をします．これでは脳を駆使していることにはなりません．

　認知症予防には記憶力を鍛える脳トレーニングが必要で，順を追って回想し

てみることや，日記に書き留める努力によって記憶の定着が認められることになります．人間の短期の記憶は海馬に，長期の記憶は大脳皮質に分けて保管されるために，認知症の人でも昔のことは覚えており，最近のことが欠落するのは海馬の機能低下が原因なのです．経営者は一般的に具体的な行程を考えることが苦手な人が多いと言われています．それゆえに部下に命じて仕事をさせて，自らの理想に近いところまでの改善を図るのです．その仕事はわくわくする快い気持ちがあって，それは扁桃核がエンジンとなっています．不快な赤字を自分の努力によって快な黒字に導くことはわくわくする気持ちを伴うものです．公務員の仕事でもこのようなわくわくする心地よい刺激が必要なのであるといえます．つまり，不快なことも快に変換できる能力が重要なのです．それができなくなったら諦めることです．

　たとえば，深刻な病人でも食事ができなくなれば諦めるしかありません．もちろん，一時的な「胃ろう」で回復する場合もありますが，この延命策には問題が大きいと考えられます．自宅で介護を受けるか，施設に入所するかは当事者に選択の自由が認められてなくてはならないと考えますが，近所や家族に迷惑をかけるなどの社会的要因で施設入所を選択することが多く見受けられます．そうではなくて月20万円程度を支払えるならば，介護保険制度も利用しながらの独居での在宅介護が可能なのです．中高年の域に達したならば，プライドや頑固さ，さらに孤独を愛する価値観を変革していかなくてはならないと思います．一日中家にいると認知症になる可能性が増すことを自覚すべきなのです．外の人とのかかわりによって扁桃核を刺激するような環境を作ることが，退職後の公務員，教員，会社役員には不足する傾向があります．人間は社会的動物でもあるのですが，なぜかこれらの職業の人はそのことを拒否して認知症になることが多いのです．

筆者である私は公務員が単調でマンネリな職業とは思いません．仕事は多岐にわたっていて，市民からの要望のために毎日がスクランブルな職場もあります．特に福祉関係の仕事は生身の人間を対象にしているために，

その激務から解放されての落差において認知症になるのかなとも思います。
しなしながら，確かに自らが前例を創ろうとするような公務員は少ないよ
うにも思います。相変わらず，国の考えはどうかとか，他都市はどうなっ
ているかを参考にするというよりも，それによって決定しているように思
われる節もあります。たとえば，国の考えを総務省などに問い合わせても，
それは自治体の判断ですと言われるのが関の山です。となると，他都市に
前例となるようなことがあったかということになり，いずれにしても自ら
が前例を創ろうとすることは相当の勇気の要することなのです。そのこと
が生活習慣となれば，やはり，公務員は認知症になるのかも知れません。

15. 転職できる公務員になれ
――山本直治『公務員，辞めたらどうする？』
PHP 新書，2007年

　公務員になりたいと考える人が多く存在し，最近では民間企業からの中途採
用者も制度的に定着してきています。また，一旦公務員になると途中で辞めな
い傾向が強いといえます。ところが，もったいないと言われながら退職する公
務員も見かけないこともありません。公務員の仕事が定型的単純で創造性が感
じられないなどの理由で辞めていく傾向を指摘できますが，「辞めてどうする
のか」と個人の問題として慰留を求める話はよく聞きます。ところが，「役所
には君が必要だ」と慰留に努めることはあまり聞きません。

　天職と感じた仕事を得ても，数年周期で人事異動による配置転換です。要す
るに，全体を薄く広くカバーし，最低２つぐらいはある分野に特化しているπ
型人間（著者は全体を広く薄くカバーしつつ専門領域を１つ持っているT型人間に対する
用語として使っている）を要求しているのです。ところが，専門性以前に増加す
る行政課題に個人が押しつぶされているのが現状です。相談もできず責任を１
人で背負い込んで，うつになる公務員も少なくありません。社会的にうつ病に
追い込まれて，最悪の結果としての分限免職というシナリオもありうる状況で
す。実は，公務員の身分保障は危ういところなのです。

　公務員の労働組合に労働基準法上の争議権が与えられたとしても，多くの国民にその待遇改善への争議についての支持が得られるかは未知数といえます．しかも，今後の財政状況によっては公共部門が廃止・縮小される傾向は避けられないところです．経済的効率化の名の下の民営化も想定内として進んでいます．将来的には公務員も転職を考えなくてはならないことになるかも知れません．ところが，それに対する支援活動は始まったばかりです．著者は30歳で公務員を辞めて，転職支援のための人材紹介業に転身しました．あらゆる職種での公共的性格が強まっていますが，民間企業が求めて中途採用したい人材は即戦力で利益を生んでくれる者といえます．現役の公務員はそのところが割り切れないと考えられますが，むしろ「公務員DNA」を発揮する人材も大事なのです．民間企業では市場競争にて勝つことが求められます．つまり，公務員の使命でもある公共性を論じていたならば，勝つことができないのが現実です．しかし，市場で勝っても，公共性を無視しては継続性が危なくなります．

　民間企業では公務員と相違して，結果を出せば給料も上がります．それゆえに，公務員のように前例や慣習に終始すれば結果が出ない矛盾に遭遇します．民間企業では公務と違って自分にだけにしかできない仕事を持っていること，つまり自らの売りを有していることが大事なところなのです．それがない公務員についての転職では，公務員時代の給料からの相当の減額を覚悟しなければならないのが現実です．もちろん，公務員時代に猛勉強して医師や弁護士という資格で食っていける職業に就くことが万全ですが，たとえば税理士や社労士，行政書士などを職業とする場合は顧客の確保が最大のネックとなっています．公務員から大学教授への道もお勧めですが，実務教員にはそれなりの職歴が必要となります．つまり，在職中は立場上，言えなかったことを暴露しようというのであれば，それはそれでおもしろいかも知れません．それよりも公務員に留まっていれば安定した生活が可能なので，定年退職後の進路としての大学教員を想定されている公務員も少なくないと思われます．ところが，今日では公務員での生活安定が必ずしもそうではない事情もあります．

　公務員色に染まっていない若手ならば思い切っての転職の決意は可能かも知れませんが，中高年では民間への転職もかなり難しい情勢で，なかなか踏ん切りがつきません．何よりもツテが大事といえますが，これはコネとは違うこと

を認識しなければなりません．公務員は民間では勤まらないという説は官民とも強いものがあります．公務員の民間への転職者の最大の難関は面接で，公務員を辞めてまで民間に勤めようとするオーラが出てないと駄目なのです．こんなときこそ民間でも雇用可能な力を養うために，公務員の副業は大きく緩和されるべきと考えるのですが，兼業禁止だからこそ身分的処遇が保障されているという説も捨てがたいものがあります．いずれにしても公務員を辞めることで何らかのものを失いますが，それ以上に得るものがある場合の選択であると思います．そうなると，公務員であったことのスキルを何らかに活かせる仕事を開拓することが必要です．公の施設における指定管理制度において民間参入が可能となった今日，民間では即戦力となる知見を有した人材を求めることになっています．つまり，その分野では公務員として培った知識とスキルを民間では必要としているのです．さて，この変化をどう捉えるかが分かれ目となることでしょう．

　筆者である私も公務員から大学教授の道を歩みました．「万年平取り締まられ役」だった筆者が大学教員になれたのは幸運であったと考えています．別段，実務教員であるとの意識はありませんが，公務員であったときの経験が役立っています．私の場合は世間を広く渡ることを心掛けました．また，教員になってからは人を育てることに熱意を傾けました．公務員時代から専門領域と思える学会に入会し，学会や研究会での発表なども行ないました．大学での恩師を介しての先輩・後輩関係や，研究仲間との関係が途切れないように努めました．いわゆる人脈と称するのかも知れませんが，このことがコネとは違うツテとなりました．中央官僚で国を動かしていたような公務員ならば，いきなり大学教授かも知れませんが，まずは非常勤講師で教員としての経歴をつけることであると感じました．正直言って，大学においての非常勤講師は先生と言われますが，本当に人間扱いされているかは疑問です．一年更新の契約においては終了通知が解雇通知です．若手研究者では掛け持ちで健康を害するぐらい頑張っても，その収入

は生活保障されている専任教員の足元にも及びません．何らかの著述出版活動，つまり文章にすることが基本ですが，マスコミによく顔を出す評論家的な「人寄せパンダ」の教員にも負け惜しみを感じています．

16. 黙っていられない反論あり
── 若林亜紀『公務員の異常な世界』
幻冬舎新書，2008年

　そもそも公務員になろうとする者は成績もよく，志も高い人たちです．それなのに，仕事をしなくても免職にならないような身分的に安定しているために（公務員は自からの意に反して分限免職となる例は少ない），楽な方向に流れて行く公務員も少なくはないのが実情です．非効率であっても仕事をしているように見せればよいのです．4 月に国家公務員約 3 万人，地方公務員約 5 万人が入庁します．相変わらずの人気職種です．裏口採用と言われる議員や役所幹部のコネが効くのは否定できないところで，小さい市町村ほどその傾向があると言われています．一説には300万円の口利き料で公務員になれたという場合でも，もともとそれで点数を上乗せしなくとも競争試験では十分に合格点だったのかも知れません．しかしながら，選考採用の場合は競争試験と相違して疑問の要素が残ります．著者は研究所の事務員として試験なしで採用されましたが，辞令には「研究員を命ずる」と書いてありました．これを質問すると，研究員としての予算で採用したが，実務的には事務員でお願いしますということでありました．明らかに公金詐欺ですが，公務員の世界ではこんなことは皆無とはいえない予算制度に問題があります．

　立派な休憩室があって，昼休みの昼寝のつもりで寝過ごすこともありました．物品購入の稟議書のハンコが20人を越すこともありました．また，公務員の労働組合は首長や議員の選挙には熱心です．票の取りまとめだけでなく資金も出している場合もあって，それによって当選した首長は労働組合には弱いのが実情です．公務員の給料は男女平等で，公務員同士の共働きの場合は完全なダブルインカムです．女性には優しい労働条件と職場環境です．福利厚生面での官

民格差も存在し，年次休暇も20日間で夏の特別休暇が5日間ありました．なに
よりも好きなときに休んでもよいことが嬉しかったです．盆や正月，GWなど
の集中するとき以外を選んで旅行に行くことができるのです．

　8月になると来年度の予算要求書を作成するのですが，再来年の3月のこと
などは「作文」に等しいと感じました．予算獲得のためには絵空事も仕方がな
いのであって，予算がつかないと何もできない事情があります．また，予算は
予算どおりに執行しないと，予算要求そのものが疑われます．60歳定年で役職
を退きますが，65歳までは再任用制度となっています．一般的な公務員は年収
が低くなりますが，年金受給までのバイトのつもりならば悪くない条件です．
しかしながら，高いポストに就いていた公務員はこの制度によってヒラ公務員
になることに抵抗があるため，関係団体へのいわゆる「天下り」が存在します．
このことが，給料も減らずに仕事が楽で退職金まで用意されている厚遇として
問題視されている原因です．能力のある公務員は公務を担当しながら趣味の世
界での能力を伸ばして，本業化するような者も存在します．有名なところでは
堺屋太一がその代表です．また，暴露本の元公務員も存在しますが，その代表
は外務省の元レバノン大使の天木直人で，この暴露本である新書を著した著者
もその1人であるといえます．業者との関係で腐敗に手を染める公務員も少な
くないのですが，その代表は守屋武昌で，業者のために専守防衛の自衛隊に不
要な長距離ミサイル配備まで考えました．

　12月には年末手当が支給されますが，民間のボーナスと相違して景気変動に
よる業績悪化により支給が停止されるようなことはありません．法律には勤務
評定をすることが明記されていますが，給料に反映させるかは別問題です．し
かしながら，近年の公務員制度改革の流れを受けて人事評価のための勤務評定
が実施されている現実があります．「独身手当」のような特例祝い金も存在し，
それを支給していた職員の福利厚生団体も見直しの対象となっています．この
ような厚遇問題に関しては，橋下徹が首長になった大阪はその公表も含めて進
んでいますが，労働組合との良好な関係が保てるかは未知数といえます．今後，
ポストも減少していく傾向で競争は激化するものと考えられます．優秀な公務
員がポストに就いて給料も高くなることには問題はありませんが，現業職員の
高水準が指摘されるところです．さらに，年度末の予算消化は予算制度に問題

があるのにもかかわらず，無駄遣いになる傾向が制度的にはそのままにして継続されています．

　現業職のように同じ仕事をしているのに，官民格差が生じるのはおかしいとの主張があります．それには官がおかしいのか，民がおかしいのかの検証が必要と思われます．行くところまで行くと，同じ仕事をしていて年齢で格差があることまで踏み込まなくてはならなくなりますが，そうなると，年功的処遇による秩序維持の原理まで変更しなくてはなりません．されど，確かなことは同じ仕事をしていて男女格差がある民間のほうがおかしいというべきなのです．この新書の著者の指摘を待つまでもなく，予算執行には制度的問題が存在します．経費節減で備品購入が削減される単年度予算では，予算の余裕のあるときに必要な備品を購入しようとしますが，必ずしも備品を購入するための費目で可能であるとは限りません．継続しての役務に関しても，競争入札によって落札した業者のために「銭失い」になる可能性があります．こういった汚れ仕事は現場での公務員の努力によって遅滞なく進めることが可能となります．分かり辛い表現になっていますが，性悪説を前提にした制度に問題があって，無駄な機会費用が生じるという表現では，さらに分かり辛くなったでしょうか．そうでないと，悪いことを忖度させるような幹部職員が跋扈するというのは言いすぎでしょうか．

第5章 首長の言い分は何か

　公務員の職員力については，かつて首長であった橋下徹を筆頭に首長なりの言い分があることと思えます．新書を3つ上げておきましたが，新書ではないものの鈴木直道北海道知事が夕張市長であったときのことを書いた『夕張再生市長』講談社（2014年）と，公募による副市長からの経歴を持つ小紫雅史生駒市長の『公務員の未来予想図』学陽書房（2018年）は興味ある示唆を与えてくれます．前書については財政再生団体となった夕張市に30歳で市長に就任し，行政の失政を市民が負うことにて借金返済を試みた経緯を著しています．その中で職員も市民も最低限以上の事業はボランティアでお願いすることを強いることで，住んでいられなくなって他都市に出て行った結果において，11万人だった市民は1万人を切り，269名いた職員は100名になって，将来は5000人のコンパクトシティを目指すことによって消滅だけは避けるとしています．当然，賛否両論あるところですが，日本全体が他人事ではない状態になりつつある状況です．後者については，公務員の終身雇用や年功序列は確実に崩壊することを前提に，公務員を辞めざるを得ない状況においても働き口があるように，今のうちから「兼業禁止」を緩和しなければならないと説いた書です．そのためには入庁後にただちに責任ある仕事を与えなくてはならないと主張しています．まずは，失敗を恐れずに挑戦することを市長は支援するとしています．著者によると，10年後には公務員の現在の常識は通用しなくなっていると考えています．つまり，市役所は職員の雇用を保障しないといっているわけで，これから安定した職種である公務員を目指す人たちにとっては，かなりセンセーショナルな内容です．

17．公務員は無能なのか
——熊谷俊人『公務員ってなんだ？』
ワニブックス PLUS 新書，2012年

　平成21年，前市長の汚職逮捕を受けて立候補し，千葉市を変えて欲しいとの市民の熱望において，指定都市では史上最年少の31歳で市長となりました．そこには公務員の変化に対する特殊性が蔓延っていました．それは主に次の３点です．① 公務員そのものの意識改革，② トップの決断の甘さ，③ 制度的制約です．②と③は政治家の問題と思います．公務員は入庁時に「全体の奉仕者として誠実かつ公正に職務を執行する」宣誓書に署名します．この当たり前のことができていないための誓約で，できていたならば別段誓約書など不要です．全体の奉仕者であるためにそうでない個々の要望には応えられないと，当然のように市民に対応していることが間違いなのです．これにより市民の不満は高まる一方です．財政的な制約のための優先順位を説明しなければならないのに，その説明が不十分なために，マスコミによる「税金泥棒」との公務員叩きとなります．マスコミもとりあえず公務員を悪者にしておこうとの姿勢です．そこでの住民は市役所を選ぶことができないし，市役所が住民を選択することなどできるはずがありません．それゆえに納得できる説明が必要なのです．働いても働かなくても給料は同じと考える公務員は，本当の公務員ではないと考えています．本当の公務員が市政をマネジメントしているのであって，市長や議員である政治家の言うとおりにやればよいと考える公務員はおかしいのです．しかしながら，市長に公然と反旗を翻すことは制度的に不可能といえます．たとえば市長には想像以上の決定権限があります．議員はそれを議会で認めるのが役割なのですが，市長のように実際に業務には携わりません．マネジメントを担当する公務員が「私たちには経営責任はない」と考えているのならば，これは大きな間違いといえます．

　政治家である市長の提案したハコモノに，「将来も必要か」の視点を加えるのは公務員の仕事です．公務員が市長や議員の言いなりならば，直接，市民が発言できる事業仕分けのようなものが必要となります．市民が公務員に「この方法しかないのか」と問われたならば，市長よりも担当の公務員が説明できな

いとおかしいのです.

　民間と違って数値化できないのが公務員の仕事という説明もおかしいと考えます. 民間でも数値化できない事業を説明してコンセンサスを得るのです. 100パーセントの仕事をするつもりでは財源が尽きるのは明らかです. 仕事の完成のために頭を使うことが必要です. 100パーセントに近づける努力が必要なのです. 予算がないのなら予算を創り出す努力が必要なのです. ネーミングライツなどはその典型例です. 公務員もビジネスチャンスを考えるべきなのです. また, 市民に時間を返す感覚が重要なところなのです. たとえば, 市民の提出書類の添付資料として住民票などを必要としている場合, わざわざ役所に来て住民票を請求することなどは市民にとっては時間と金の無駄といえます. 役所で確認できるものを添付させるということはおかしいことなのです. 橋下徹は敵を作って倒す手法で支持を拡大しましたが, それは基本的にはやってはいけないことと考えています. 労働組合を悪者に仕立てて潰すやり方は橋下徹にしかできない手法だと思いますが, 労働組合は公務員の権利を守るために当然の行為をしているのに, それを悪行であると断定して攻撃することでは公務員の理解を得られなくなります. 正常な交渉では給料の一律カットなどはあり得ないことなのです. 入庁したばかりの若手職員に何の責任があって一律削減となるのかを問うてみたいです. 交渉の過程は非公開であっても問題ないのですが, 決定事項は市民に知らせることを怠ってはならないと考えます. それを何でもオープンでは喧嘩をしているだけで, お互いの大局観でまとまるはずの話もまとまりません. 水面下における話し合いでの妥協も必要なのです. イエスかノーだけではありません. それを市民と公務員の対立を煽るような橋下徹のやり方は, 結局のところお互いの不信な関係だけを残します. これでは長期的に影響が残るといえます.

　大きい話では, 事業仕分けなどは民主党政権の自滅の原因とも考えらます. 市民と公務員の対立でお互いが傷つけあうことでは何も生まれません. 首長の権限は大きいのです. 市民も市役所の考え方や施策を理解した上での仲間としての意見交換が必要です. その意味では市民こそが物言う株主なのです. その話し合いの場が, 市民からの陳情要望の場や説明会会場となることは, 首長の考えが徹底していないから生じることなのです. 市民と公務員は, ともにまち

を良くしたいと思う仲間なのですから，納得と合意ができるまで十分に対話をしなければなりません．

　　公務員は形式主義により保身を考える無能者だとの説も囁かれていますが，結局のところマネジメントであると考えます．役所では法律を専攻した者が多いので，規則や制度が組織内での中心テーマとなっています．その結果，「べからず」の規則や制度ができます．しかし，本当に重要なのはモチベーションを奮い立たせるマネジメントではないでしょうか．いくら良いことを発案しても，市長や議会が否定すれば何もできないという公務員が多く存在します．それが民主主義のルールであることを否定はしませんが，権限のある権力者に忖度するようなことでは，市民のための公務員ではありません．公務員の意識改革とは市民とともに市長や議員を使いこなすことではないでしょうか．

18.　人口増と税収増を達成するには
　　──湯浅誠ほか『子どもが増えた！』光文社新書，2019年

　本書は明石市の人口増・税収増についての出版の最終段階で，泉市長による暴言問題が生じました．市職員に立ち退き対象の家に「火をつけてこい」と言ったとのことです．これは現職の市長としても，人間としてもその人間性を疑える発言です．ただちに謝罪されたとのことです．それでも出版したのは，他自治体でも子どもを増やす市長発言もありますが，やや強引に実践して成果を上げたのが明石市だけだったためです．市長の公約は「子どもを核としたまちづくり」で，この書は質問に答える形で泉市長自身が明石市政を語っています．

　結婚して1人の子の親となった夫婦を明石市に引っ張り込むために，2人目以降の子どもの保育料や医療費は無料としました．企業誘致による産業政策よりも，子ども対策に予算と人員をつぎ込んだわけです．これを子どもに特化し

たまちづくり哲学と考えています．人口が増えるならば，社会的弱者受け入れも歓迎する社会的包摂のまちづくりです．人口増がやがて税収増につながると信じての政策化ですが，まずは子どもへの投資が先であると信じるのです．人口が流入し，税収が増えて，土地の価格も上がる「おかえりなさい」のまちづくりともいえます．

無料化政策だけでなく，図書館を充実して司書が読み聞かせをし，絵本をプレゼントすることなどは先行投資であると考えています．親の所得制限なし，一部負担なしで子どもを優待することは，他都市との差別化戦略であると考えています．人口増加のためには福祉の充実で，市職員を刑務所に派遣して帰住予定地を明石市にすることを薦めているところです．子ども，高齢者，障害者，更生支援の４本柱で福祉相談員も置いて，相談に応じられる体制を作っています．そこでは地域での生きづらさや暮らしにくさに関する相談を受けています．

また，少し高くても地域の商店を利用するように誘導する施策も考えています．たとえば，地域のパン屋が大手のパン工場の製品を売っていたならば，売価の約１割地域での付加価値にしかなりません．ところが，地元で焼いたパンならば３割以上の付加価値が期待できて，原料も地元ならば地域内循環による相乗効果で４割以上が地域の人の所得となることも可能です．なによりも，地元産のものに対する意識があれば購買意欲も向上します．駅前の魚の棚商店街の鯛などはその典型で，観光資源ともなっています．いずれにしても明石市民の所得となって，それによる消費がさらに期待できるのです．

福祉介護などは地域に特化できる成長産業でもあると考えています．ハードよりもソフトに予算を割いています．高齢者が直接に運営に関与するようになれば，健康と元気が維持されて余計な介護費用も生じません．社会的参加による福祉のまちづくりをデザインするように心掛けています．仮に市役所がハード施設に投資しても，市民はそこにお金を落すことはありません．ソフト事業によってこそ地域内循環による付加価値が期待できると確信しています．それゆえに，まちづくりの単位は顔の見える小学校区であると認識しています．

市職員との関係で言うならば，現場職員は市長には都合の悪い本当のことを言いません．市民が怒っていると市長自らが指摘しないと，市職員は「大丈夫です」と繰り返すばかりです．それゆえに市民にもっと怒ってもらいたいのが

本音です．そうすると中央官庁の官僚に対しても，本当は国がやるべきところを明石市がモデル的にやっていることに邪魔をするなといえるのです．

　市役所内で財政課と人事課が力を持つことはよくないと考えています．首長も予算編成と人事異動のことを勉強して，財政課と人事課を潰すぐらいまで介入すべきと考えていますが，なぜかそこは職員の聖域となっているのが現状です．カネとヒトを把握しないと，首長の考える政治はできないと確信しています．明石市では予算と人事は市長がやることとなっています．人事に介入して職務を遂行できる人材を抜擢します．そのためには目先の仕事もさることながら，政策を考えられる優秀な職員を自らの周りに集めなくてはならないのは自明の理です．公約実現するカネがないからこそ，市長と職員は頭を使うのです．そのためには議会の協力が不可欠であると考えますし，優秀な職員を必要としています．

　筆者も明石駅前の魚の棚商店街で名物の明石焼きを賞味しました．端から端まで何回も往復しましたが，明石焼きの店の前は観光客の順番待ちでした．必ずしも地元の人が買い物をしているようには見受けられませんでしたが，観光客の落としたカネは地域の福祉に還流するとの考えも成り立ちます．顔の見える関係や話の通じる関係として，まずは，市の施策上において小学校区を単位としてキメの細かい行政を心がけているところは賛成です．少子化によって，教育の単位である小学「校区」と自治の単位である小学校「学区」が乖離していくのが現状です．一致しているのが本当の姿なのですが，主に財政的事情から小学校の統廃合が進められています．このことの解決のためには小学生を増やせばよいのですが，政策的に子どもを増やす具体的な施策を実行している自治体は，明石市以外には見受けられないのが実情です．

19. 都市計画とまちづくりの関係
―――山出保『まちづくり都市金沢』岩波新書, 2018年

　1990年から5期20年の金沢市長であった著者のまちづくり論が展開されています. 今後の日本の最大の課題は人口減少, 超高齢化であることは, 識者からの指摘を待つまでもないことです. 現実にまちなかでは空き家や空き店舗が目立つようになってきました. 金沢も例外ではありませんが, ここで何もせずにいていいのでしょうか. 幸いにも北陸新幹線長野―金沢間開通により賑わいが戻ってきました. 戦後70年のまちづくりの原点を問い直さなくてはならないと考えています.

　外国人観光客が多くなり観光公害という問題も生じ, 民泊やゲストハウスは住宅専用地域の住民にとって迷惑な施設となっているのが現状です. 金沢の観光スポットは興味本位の人たちによる喧騒の場と変わり, これは金沢の文化の劣化や衰退につながるとの見過ごせない問題が指摘されているところです. 観光という「非日常」のために住民の「日常」が軽んじられることなどは論外で, まちづくり協定締結により, 観光旅行業者との協力関係が必要となります. 「自制の論理」も必要で, 金儲けに徹するような業者には自制を徹底すべきであると考えています. 2019年4月より宿泊税を導入しますが, これを財源にして観光を見直せるような施策を講じる必要があります. 具体的には, クリエーターやアーティストのために還元し, 文化的付加価値を高めるまちづくりを目指すべきです. 文化施設の誘致にも努め, 既存施設の付加価値をさらに高める施策が考えられなくてはなりません.

　都市計画とは都市計画法に基づく「法治」の領域ですが, まちづくりは都市計画も含めた「自治」の領域で, 住民合意に基づき, 住民が決定し, 住民が責任を負う取り組みです. それによって「まちの個性」を創造していくのです. まさに, 「歴史の多層性」と「文化の多様性」との表現がぴったりで, 言い換えれば, 人がその地域によって育まれて, 心に刻まれてきた「らしさ」であります. その地域では共有し癒されてきた親しみが観光客のために過度に強調されることでは, 観光の商業化によって本来の「らしさ」が喪失していきます.

歴史性により自然発生的に「伝統」が生まれ，社会性により「多様性」と「相互作用」が生じます．金沢は430年の歴史で決して古都とはいえませんが，1200年京都の公家文化の「雅」に対しては武士文化の「粋」が結合し，京都が文化を売って消費しているならば，金沢はまさに文化を生産しているのです．

　金沢は「昔があって，今もあるまち」なのです．それゆえに現代的な「みちづくり」ではなく，市民による「まちづくり」なのです．1996年の金沢市民芸術村オープンは，24時間365日利用のできる先進的な取り組みであったと考えています．2003年には金沢まちづくり市民機構が開設され，市民を公募研究員として調査研究がなされています．まちづくりとは思いつきではなく，長期的にぶれることのない仕組みや制度で担保されなくてはならないと思います．それには政策を条例化し，市民の参画が保障され，職員が持続性において実行していく責任があります．

　歴史を守るばかりでなく，創る姿勢が大事なのです．その文化的景観は市民の財産でもあるといえます．自然と歴史，コミュニティと文化がその背景として存在しているのです．都市の美しさは市民「みんなのもの」でもあり，「わたしたちのもの」でもあります．国，地方，企業，住民のそれぞれが，自らの役割を自覚し，責任を果たしていかなくてはならないと考えます．

　人口減少と超高齢化に向かうことにおいて，今後は小地域におけるコミュニティが重要なのです．産業的にもニッチを埋める職人気質が重要で，職住近接の「まちづくり，ひとづくり」です．金沢はこの「まちづくり」と「ものづくり」において，いずれにおいても安全こそが最大の福祉と位置づけての発展の余地が存在していると考えています．「趣味縁」こそが「脱血縁」「脱地縁」「脱職縁」の決め手と考え，大学等の学校が知と地の拠点となるはずであると考えます．まちづくりの考え方は Slow, Steady, Sustainable の3S です．人が生きています．生活をしています．

直接的に公務員の職員力に対して書かれた新書ではありませんが，さすが20年間も市長を務めた人の含蓄を感じられる書です．まちづくりは市民

が任っていくのであるという思いが滲み出ています．公務員はその能力を駆使して市民を支援するのです．それが職員力そのものなのです．決して職員主導ではありません．職員は市民が何とかしなくてはと考えるのを待つのです．市民生活を無視して観光振興などを強引に進めると，それで潤うのは観光関連の業者だけです．しかも，それが域内の業者ならばまだしも，域外の業者が金儲けのために勝手な「らしさ」を吹聴しているのです．このように文化が商業化されることによる劣化に対して，金沢市は職員力を持って阻止しようとしています．そこでのキーワードは芸術であり，工芸であり，クラフトなのです．実用性が認められるクラフトを，市民とともに「らしさ」に移行する手段とする「したたかさ」を感じる新書と思えました．

　以上の多くの新書から考えられることは，事実と真実の相違点です．価値観を排除して事実関係だけを記述式に追っていけば，ケア・コンパクトシティなどの結論に導かれます．そこでみんなが幸せになれるというようなエビデンスなしのポエムになってしまいます．「安全安心のまちづくり」などと称する異論を挟むことのできない結論となります．その中身が問われないと，単なる思考停止です．おかしいことをおかしいといっている人がおかしいということになります．人それぞれ異なった価値観を有していて，客観的と思える事実に対しても，その人なりの真実は相違していきます．それを同調圧力によって画一化するようなことは公務員の職員力ではありません．つまり，民間会社のように独善的に自分たちの利益や評判に特化して行動するのではなく，役所の重要なところは「地域の利益や評判」に対する地域住民の合意形成なのです．それを市民力と称しますが，職員力と協働することによって品位のある共生地域社会を築いていかなくてはなりません．それは共通の事実ではなくて，共同の真実なのです．民間会社の目的は共同のものではなくて共通の目的なのかも知れませんが，共生地域社会においては共通目的よりも共同が合意形成の要素であると断言できます．

終章 職員力をまちづくりに取り入れる

市民による21世紀型地域経営ネットワーク

公務員の職員力の成果は役所の外部にあります．これが共通認識となっていないために，役所の内部で活躍する職員を人的資源管理として評価してしまうのです．本当に評価されるべき職員は市民支援に徹することにより，活躍が期待される地域の人材を育てている職員です．つまり，地域の人材に活用される人材なのですが，ともすれば，役所側に顔を向けて市民側にお尻を向けている職員を評価してしまいます．その職員は役所のために働いている認識で，それが市民のためになっているのかは二の次となりますが，役所という組織のために働いていることが市民のためになっていると短絡的に行動を合理化します．役所の外部である地域には，地縁的組織や学校，地域企業やテーマ別のNPOがネット状に存在します．かつては行政が地域管理のために中心に位置していましたが，現在ではこれらの公共性の維持には市民の参加参画が望まれているところです．

役所と関係の深い組織が町内会や自治会といった地縁的組織です．これを役所のための「御用組織」にしてしまう職員などは，人事評価の対象にするべきではないのです．原則的に各自治会とその連携組織である連合会とは上下関係ではありません．連合会傘下の町内会・自治会という表現をするために誤解が生じます．ましてや，連合会に加盟している**社会福祉協議会**（行政区分ごとに存在する全国規模の社会福祉のためのボランティア組織）や**民生委員児童委員協議会**（社会的孤立者の見守りなどをするために厚生労働大臣によって委嘱された委員によって組織された全国規模の協議会）は独立した組織なのです．連合組織の会長が地域の代表として役所との接点を持ちますが，それが連合会として集約された意見なのか，それとも会長個人の見解かが疑問の残るところです．行政官庁としての役所では，連合組織の会長の述べる話を地域の見解と意識的に解釈します．地域での合意形成とはそのように難しいのですが，地域での合意で選ばれた会長の考え

を地域の考えとするほうが何かと都合がよいのです．むしろ，行政は地域に民主的なルールを根付かすようにしなければならないのですが，そのような会長に対して失礼と解するようなことは，役所では絶対に行ないません．まさに地域での自治は民主主義そのものなのですが，会長を役所に取り込むことによって自治を阻害している現実も少なくはない事実といえます．

　地域の自治については，行政と住民は一線を画しつつ協力関係にて品格のある「まちづくり」を行なっていかなくてはなりません．戦前の住民相互の行政的監視組織であった隣組などの反省から，戦後には強い個人を前提にしたアメリカ的な考えが導入されました．住民による委員会や協議会組織です．寄付文化に馴染みの薄い日本では補助金や助成金の窓口となる行政が，それらの組織を第二事業部局化していった経緯があります．しかしながら，行政職員は住民の支援者であって管理人ではありません．ここにきて，財政状態の悪化から公共サービスと行政サービスは乖離していきます．最大の問題点は，複雑多様化する公共的なサービスの存在に対して，単純一元化にならざるを得ない行政の行なうサービスの矛盾です．まるで大きくなる子供に小さな服を支給するような感じです．そうなると手足を切ってしまおうとの乱暴な結論に陥ってしまいます．家計では「入るを量りて，出るを制する」の考えで十分なのですが，財政では「出るを量りて，入るを制する」の考えでなくてはなりません．あれもこれもの時代から，何が行政に求められているかを考えなくてはならない時代に突入しています．地域の経営資源としての「ヒト，モノ，カネ」を地域内で循環させることを考えることが，行政職員に必須の「公務員の職員力」といえます．このことは誰かに教えてもらうことではなく，自ら学修していかなくてはなりません．その職員力の発揮には，旧来の「統制と報酬」の管理主義の徹底での画一的職員の育成を改めて，「内発と自律」の個性的な職員育成しかありません．このような岸和田方式の人事制度は，一つ先を読んだ制度として評価することが可能と思えます．

地域の核としての学校

　災害時に地域の小中学校が避難所になっている映像をテレビなどで見ることがあります．お世辞にも快適な空間と思えない環境ですが，それを怒っている

人の映像が見当たりません．みんな顔見知りで和気あいあいなのでしょうか．
そうではなくて，編集でカットされていたのではないかということを知ること
ができました．東日本大震災のときに自治体から派遣された人の話では，詰め
込み状態の環境で気分の悪くなる人が続出して，「医者を呼べ」と殺気立って
いたとの話でした．医者を呼びたくてもそれも適わずにますますエスカレート
していったとのことですが，テレビの画像からはそれは伝わってこない**災害ユ
ートピア**（レベッカ・ソルニットの同名の著書では，災害時に助け合いの特別な共同体が
生まれるとしている）のようです．避難した人同士が喧嘩になるような場合は，
誰かが「困ったときはお互い様」と発して収まるようですが，派遣された行政
職員には「何とかしろ」と，風当たりが激しかったとのことでした．筆者もそ
の立場で身内の者に急を要することが生じた場合，行き場のない怒りを行政職
員に発しないとも言い切れません．

　問題は非常事態といえども，あのような状況の空間に避難者を押し込めるこ
とです．また，避難所に避難しなくては行政的な緊急用サービスを受けられな
いことも問題となり，プライバシー確保のために校庭に駐車した自家用車で持
病が悪化したとの報道もありました．それなのに大規模災害に備えた抜本的な
取り組みはなされていません．少なくとも，学校が避難所となって，その避難
所において基本的人権が保障されるのかも定かでありません．地域の自主防災
会のような団体が一日体験でも企画してくれれば，実際面でのいろいろな点に
気がつくと思います．

　そもそも学校は避難所となるような安全な場所に位置していなくてはならな
いのに，**石巻市立大川小学校**（東日本大震災のときに避難が遅れて，学校が安全を保証
すべき学童74名が津波の犠牲になった）はその観点からも危険な場所に設置されて
いました．それは津波以外の洪水においても浸水の危険性のある場所でした．
学童の通学の便宜においては仕方がなかったとの意見もありますが，建物に対
するハード面よりも地域での学校に対する信頼といったソフト面が問題であっ
たといえます．「学校は安全」さらに「先生の言うことに従っていれば安心」
という神話が打ち破られてしまったのです．このことは教育の問題のみならず
地域での信頼の問題にも影響してきます．

　ハード面でもソフト面でも地域の核であるのが，義務教育における小中学校

なのです．そもそも校庭とは何のためにあのような広い敷地が確保されている
のでしょうか．教育のためと考えられるかも知れませんが，講堂兼体育館でも
十分といえないながらも，雨天も使用できるのでそこでの教育は可能です．そ
れでは年に一度の運動会のための運動場なのでしょうか．また，放課後におけ
る学童の部活動のためなのでしょうか．それもそのとおりなのですが，筆者で
ある私の感覚としましては，何かが生じた場合に地域住民が一堂に集まれる空
間として確保されているものとも考えます．それには地域住民は小中学校を使
いこなさなくてはならないのです．地域住民の心 Heart と手 Hand と頭 Head
が詰まっているのが，地域の学校と考えます．それがためには小中学校は教育
の場所で教育委員会が管理しているという常識を打ち破り，**市長部局**（市長が
任命権者である一般的な部局で，教育委員会は市長が直接的な指揮命令をすることを避ける
部局といえる）の職員がまちづくりのために積極的に関与してもよいものと考え
ます．しかしながら，行政の職員が関与するのは選挙のときだけとは寂しい限
りです．教員の教育にかかわる責任ある職務に加えて，地域のまちづくりに積
極的に関与せよということは，かなり酷な話ではないかと思います．

　さらに蛇足をすると，教育は対症療法ではなく体質改善であると考えます．
速成教育として知識やスキルを詰め込みますと，短期的効果は目に見えて上が
ることとなります．発熱した人への解熱剤の役割ですが，なぜ熱が出たのかに
は言及されることはありません．そうではなくて，教育の効果とは長期に観測
されるべきであって，熱が出る原因を解明して体質改善していかなくてはなら
ないと思います．そのことが多くの人に波及して，いわば地域の体質改善にな
ると考えます．要するに，教育の効果は遅れて波及するものなのです．その点
からは学校は在校生だけのものではなく，卒業生を通じて関係者に広がる教育
効果を有していると考えます．それゆえに，学校は地域の資源であり資産でも
あると考えます．

社会的企業としての地域永続企業

　社会的企業とは社会的価値に重点を置いた事業を行なう企業と考えられます．
資本主義経済においては企業活動によって得られる利潤によって，その事業の
継続を図らなくてはならないことは当然のことであると考えます．それならば，

その利潤は事業継続のための手段であって，その利潤による企業の目的が問題とされなくてはなりません．利潤獲得のみが目的の企業が存在していても不思議なことではないのですが，見込んだような利潤が獲得できなくなると事業そのものを廃業することになります．そうなると，その企業の商品や労役を利用していた者が迷惑を被ることになります．そうではなくて，何らかの社会的使命を存在理由として，利潤によってその事業継続を図る企業が資本主義経済であっても一般的です．問題は，利潤へのウエイトと使命へのウエイトの掛け具合なのですが，いわゆるソーシャル・ビジネスの社会性と収益性が必ず一致しないところにあります．交通機関が止まった時に，帰宅困難者をなるべく廉価な料金で宿泊可能にすることは社会性です．宿泊客はいくらでも来るので，高い料金設定にすることは収益性です．市場原理からすると，後者を選択したホテルが非難されるものではありません．そのような経済原則で生きているわけなので，不祥事としての犯罪以外は競争原理が支配する社会です．このように現代社会の**二律背反**（1つの事象に2つの背反する選択が正しいとされること）な関係に問題があるわけです．

　ホームレス支援の「ビックイシュー」の取り組みの目的は，ホームレスになっている人を自立によってなくすことです．ホームレスの自立のための仕事として，路上での雑誌販売がなされています．売り上げの一定割合がホームレスの儲けとなって，まずは**ルーフレス**（屋根のない生活．つまり野宿のこと）から解放されます．定住地が設定されて住民票の発行が可能となれば，定収入が望める定職への就労につながります．これが行政などの公共セクターからの補助金で継続が図られるようなことでは，社会性は認められても収益性に疑問が残ります．つまり，その補助金に匹敵する金額を直接的に手渡したほうがよいとの意見が生じます．また，多額の売り上げを望める優秀な販売員がその活動を卒業しなくては，収益性は認められても社会性からは問題です．社会的企業においてはその社会性を継続させるための収益性が重要なところなのです．最近では，コミュニティ・ビジネスという語句もよく耳にしますが，地域の抱える課題を地域の資源活用によって解決しようとするビジネスです．その課題の把握が甘いと**貧困ビジネス**（たとえば「胃ろうアパート」と称される「福祉」事業）と揶揄されるようになることも想定内です．

　地域永続企業とは地域に密着した企業活動を継続して行なう企業のことです．今までは地域の雇用を重視して製造業が重要視されてきましたが，今でも地域密着を可能としているのは農業や商業といった生業的ビジネスです．今後はこれらのビジネスに加えて，医療・福祉といったヒューマン・サービス提供産業が有望と言われています．地域でのデザインを描いていく上でも，地域での医院や病院，在宅支援事業所や福祉施設が地域の人の雇用を支えることにつながると思えます．雇用されることによって地域で収入所得を得て，生活のために消費する商品を地域で購入するような地域内循環を考える時期に至っています．つまり，地産地消の経済はこれらの医療・福祉産業においても可能であるばかりでなく，その事業の性格からしても企業市民としての社会性を有していなくてはなりません．地域で事業継続を図ろうとすれば，本当に困っている人が利用できないような「晴天時の雨傘」のようでは，その存在理由も疑問となります．今後，地域医療や地域福祉に地域住民が関与していく形態が重要な経営課題となると予想されます．そうなのに，これらのことに自治体職員が関与している事例はあまり耳にすることもなく，社会的価値を前提に直営であったものを拙速に民営化していったことについても，見直されるべき問題と考えます．

非営利組織であるテーマ別 NPO などの市民団体

　任意団体である NPO と法人格を有する NPO 法人は，社会的信用も相違すると言われてきました．ところが，その組織には権利能力のないところの人の集まりである任意団体のほうが自由度も大きいことが分かってきました．制約の大きい法人格を有することによるメリットが曖昧と思われますが，社会的使命による継続性を考えれば，NPO 法人格の獲得も必要ではないかと思われます．組織して管理することによる経営については，責任者の不明瞭な任意団体では社会的信用に劣るものと考えられますが，法人での責任を有する理事長のなり手が見つからない状況も現実といえます．いずれにしても，個人商店的に熱心なリーダーがいなくなると，継続が定かでない事業は問題となります．

　NPO 法人と一般的な株式会社との相違点を指摘するならば，NPO 法人は社員に株式会社の株主のように投資に応じて利益配当することなどできないことが上げられます．また，株式購入による投資を受けて，株主総会での決定は一

株一票を原則としていることなども，NPO 法人が一人一票であることと相違
している点です．同じ一人一票でも出資額に応じて利益分配が可能な協同組合
とも相違しています．さらに，非営利組織である公共団体とも相違して，自発
的で自由な発想が可能であることも NPO 法人の特徴といえます．つまり，非
営利性・非政府性の徹底が求められているのですが，公共団体からの支援がな
いと継続が危ない NPO 法人の存在も指摘されるところです．非営利性と言い
ながら企業性を否定できない事業型 NPO 法人などは，どこに社会的企業との
相違点を見出すのかが課題であるとも考えられます．さらに，利益分配さえし
なければ，株式会社と同じような経営でよいのかも課題といえます．

　「来る者拒まず，去る者追わず」の自発的組織が NPO 法人と言いつつも，
自治体職員が非営利の NPO 法人を結成して社会的使命を遂行することは，そ
こでの経営者側である理事については，任命権者への**兼業申請**（公務員の場合は
職務に専念する義務が課されているために兼業としての申請を要する）が要ることにな
ります．しかしながら，今後の自治体は積極的にその活動を支援しなければな
らないと思えます．もちろん，これらの社会的セクターに公共セクターが補助
金で遠隔操作することは好ましくありませんが，「カネは出すが，口は出さな
い」スタンスが必要と思えます．なぜならば，そのような社会的価値を実現す
る NPO 法人が存在していなかったならば，その仕事は当然のごとく自治体の
仕事となるからです．本来は行政がやるべき仕事を，NPO 法人を育成するこ
とによって市民事業化することは，公共セクターの仕事ではないとは言い切れ
ないと考えます．そのためには，地域住民，特に地域密着型市民性の発揮を期
待できるリタイヤ世代である団塊世代には，地域での出番と役割を与えて地域
デビューさせるところまでは，行政職員の本来業務であると考えても間違いの
ないところです．そのために個人として NPO 法人活動に参加する公務員を，
直接的な本務以外の活動であっても人事的な評価をする制度も必要ではないか
と考えるところです．

市民が中心の地域社会

　かつての村落共同体は互酬のシステムで，ユイ・モヤイの世界だったと考え
られます．そうでないと共同体における生活が維持できなかったためです．そ

の状況の世界において，自己完結可能であったものに国家権力が介入します．国家にとっての課税権は国民と領土とともに存在理由の1つでもありますし，それを再分配するという大義名分が成立します．この国民国家の概念が帝国主義化して，領土分割の国家間の戦争になるとの考えが成り立ちます．そうしているうちに近代資本主義における企業社会が地域の生活に浸透していきます．これが国民の中に浸透していくと，国家社会主義などという怪物が出現します．国家資本主義と相違して国家社会主義を創り出したのは，国家や企業でなくて国民自身であったとの恐い話になります．時代が移り変わり，現在，地域社会とは雇用社会における寝場所としての役割だけでよいのかが争点にもなっています．その雇用社会を強力に支えていた「社畜（家畜に対する比喩）」とも揶揄された団塊世代が地域密着人口となっていて，地域における共通目的体，いわゆるアソシエーションの重要性を認識するようになっています．これらの人々は，地域で結成した自治会とは行政の制約を受けない自治組織としての共通目的体と認識しています．ところが，行政自体が町内会のレベルでの結成や加入を呼びかけているような有様です．この共通目的体が何らかに統一されて，同質化した共同体に変化していくと，市民概念がゆがめられた奉公を強制する国民社会主義の再来とも成りかねません．これは，市民中心の地域社会とは紙一重とも感じられます．

　教育を前提にしたPTA活動も，アソシエーションと称しながら「保護者会」のレベルです．役員のなり手がなくて，教員の頭を悩ませているのが現状です．そもそも，自分の子どもを「人質」のように差し出していながら，成績判定の権限を有する学校に物申せるかも問題と思えます．あえて悪口を言えば，行政の職員や学校の教員がその仕事として，アパートの管理人のように文句を言わずに家賃を払ってくれる「良民」を育てているようにも思えます．このような「パンとサーカス（食料と娯楽を与えておけばよいという愚民政策）」での支配関係では，地域のことを真面目に考える人こそ，「やらされ感」のみを意識するようになることは自明の理です．キリスト教という宗教に裏付けられたアメリカのような社会では，教会が地域の核となってリンゴの芯のような役割を担います．日曜日に教会に行くことを自発性と考えて，聖書に手を置いて宣誓するような社会では，「やらされ感」を脱したアソシエーションの風土が熟成し

ていると考えられます．日本でも阪神淡路大震災以降にアソシエーションとしてのNPOが注目されてきていますが，宗教的倫理観はご法度となって，地域に存在する寺院が市民活動の中心とはなっていません．進んで献身・献金するような寄付文化が市民活動の中心をなすと考えるならば，日本の状況はそれに対しては希薄なものといえるわけで，「好きな者が好きなことをやっている」とのレベルと思えます．それゆえに，コモンの考えよりパブリックを優先して「滅私奉公」などという考えが出てきます．アメリカでの「公」には宗教が入って「協」なのかも知れませんが，日本では何が「公」なのか自体を論議しなくてはならないと思えます．日本では行政的公共性よりも，当事者意識による市民的公共性を真剣に考えなくてはならない時期に達していると考えます．

　ここで公務員は政治的中立が絶対的命題かを考えてみなければならないと思います．かつては民意の把握は政治家の役割と，選挙を経て任命される議員や首長が主張していていました．首長は行政として自治活動に携わりますが，議員はそのことを追認するようなポジションで，議員による具体的な条例制定を耳にすることもありません．自治体職員は議会で決められたことを首長に従って遂行すればよいという論理なのですが，これは果たして正しいようで間違いであると考えています．もしそうであるならば，自治体職員は批判力を有してはならない権力者の下僕でよいことになるわけで，これでは職員力の否定につながると考えます．政策についても職員としての思いや考えが生かされなくてはならないし，ましてや具体的な事業に至っては職員力が大事なところであると考えます．市民中心の地域社会構築には市民を支援する活動とともに，市民が雰囲気によって間違ったところに入り込まないように誘導する役割も重要なのではないかと考えます．そのような市民民主主義が確立されないと，前述したような国家による国民社会主義の再来となります．民主主義を意識的に考えないと，市民は各自で自己防衛的に政策への対策を考えるようになります．その耳ざわりのよい対策を自分の選挙に利用するような政治的ポピュリズムが蔓延ります．気がついたときには，選挙による民主主義で生まれたことを盾に民主主義の否定に走り出します．また，自治体内部においても，「言われたことだけを忠実に実行せよ」と言わんばかりの「**ほうれんそう組織**（上司への報告，連絡，相談を重視する組織）」が必要と言われていますが，実のところは「内発と

自律」によって個性的な発想ができる職員が最も必要な人材ではないかと考えるものです．つまり，市民のほうに絶えず顔を向けて，上司や首長にも正しいと思うことを進言できる職員が必要なのです．まずは，異質な価値観を認め合うことによる人権尊重の地域社会および自治体の構築と考えます．

衰退は悪いことなのか

発展にも量的なものと質的なものあります．単純に地域が広がったり人口が増えることのみが発展ではありませんが，その逆は衰退と言われても仕方のないところです．それならば，その衰退にも質的に賢い衰退があっても不思議ではありません．発展も衰退もどちらも成長の過程として捉えるならば，人間としての個体が老化もしくは癌化していくことも，一種の成長の過程での衰退かも知れません．その衰退が人間としての成長を生むからです．同様に，原野が農村化して，その農村が都市化して，人口減少とともに農村化し原野化することも，発展の逆の衰退であるものの成長なのかも知れません．少なくとも，現在の多くの都市は成長の過程での成熟段階を迎えていると考えられます．量的な発展が望めないならば，質的な発展もしくは衰退を志向することに憚ることはないと考えます．ところが，政治家としての首長や議員が量的な現状維持を口にしても，衰退における質的転化を口にすることは稀なことです．それがために自治体職員の職員力として，将来的地域デザインを市民とともに考えていく必要があると考えます．

ハード的には住宅などの人間が作った人工物である**ハコモノ**（行政的ハード事業として，住宅や集会所会館のようなハコモノ，道路などのスジモノ，公園などのヒラバがあると言われている）は，人間がそのメンテナンスをしなければ劣化していくことは間違いのないところです．まちの中で劣化したハコモノが「まちのゴミ」となると，それがいくつも出現して「ゴミのまち」となることも容易に想像できます．そうならないためにも，質的な人間関係というソフト面が重要なところと考えます．地域市民が自らのまちを経営することによって共生地域社会を構築するための支援を，自治体職員は心がけなくてはならないという主張がこの小冊子でのテーマでもありました．

まちが衰退することを否定的に考えずに，劣化したハコモノがあれば地域で

管理していくことを考えるべきなのです．所有権の問題で困難であると結論づけることは容易いことですが，そこを公務員としての職務権限を発揮することによって切り抜けていくことが必要と感じます．そうすることによって地域の人々の居場所となって，質的な人間関係が築ける第一歩となれると確信できます．その管理を地域の人に任せることが重要なところで，任せられるような市民団体を育成することが自治体職員の職員力と考えます．地域の自治組織も地域資源の管理を目的にしたハード面の組織と，地域での助け合い支え合いを目的としたソフト面での組織との2本立てが必要であると感じます．

自治体職員としての誇り

　自治体においては，「人手不足」なのか「人材不足」なのかを真剣に考えるべきです．太平洋戦争のときのパイロットの扱いが日米で違ったとよく指摘されます．日本では戦闘機と運命をともにすることを美談とされていましたが，アメリカのパイロットは戦闘機の軽量化よりもハード的な機体の保護が重要視されており，撃墜されてもその救助への体制が整っていたと言われています．アメリカのパイロットの人命を大事にすることのベースは経済合理性によるものと考えられています．短期的には熟練したパイロットを失うことの経済的損失，長期的には遺族への社会的年金支出を考えれば，人命第一になって当然との考えです．つまり，優秀なパイロットの育てるにはその適性も鑑みて，育成のための費用としての支出が大きいことの理由からと考えられます．人的資源管理とは人を財産としての「人材」と考え，決して使い捨ての消耗品としての「人手」とは考えないことなのですが，経営学的にはそのようなヒューマニズムよりも，経済合理性の追求の要素も大きいと考えなくてはなりません．

　上記のような日本的な員数主義と精神主義では成果を残せません．自治体職員にとっての成果とは，役所内部にあるのではなくて外部にあることを忘れてはなりません．内部での成果については，員数主義と精神主義で乗り切れるかも知れませんが，地域の市民との協働においては何らかの合理性を必要とします．そのことが地域での合意形成に影響して来るのは当然のことです．「まちづくり，ひとづくり，ことおこし」において，勝手に事を起こされたら困るので「行政主導・市民支援」で進めようと考えるのは古いタイプの職員力の発揮

と考えます．本当の人材とは市民にとっての財産であるべきで，それは経済合理性の要素も認めつつも社会合理性が重要なところと考えます．

　現在の資本主義社会においては，経済合理性の中の社会合理性が問われています．経済合理性が問われる資本主義企業の社会的責任と称されている **CSR** (Corporate Social Responsibility) などはその典型で，それよりも脱税をしないことや労働法遵守の経済的責任のほうが重要ではないかと思えます．収益性とともに社会性が問われる市民事業こそが，社会合理性の中の経済合理性と考えます．そこでの社会合理性とは市民社会への社会的インパクトと考えます．市民にとって必要なことは，経済的環境変化に対しても消滅することはありません．社会的企業や非営利組織による事業体に期待のかかるところで，自治体こそがその支援に努めなくてはなりません．平等性とともに公平性，収益性とともに継続性，経済的効率性とともに社会的共生を兼ね備える事業の担い手は，従来の利潤動機の枠組みのなかの営利企業ではなくて，必要なものはなくならないことを信じる市民による事業体であると考えます．その育成を行うことが市民社会における自治体職員の使命と考えます．

市民的行政経営は可能か

　企業経営学はマネジメント理論として約100年の歴史を有しています．その企業経営学を社会的拡張していくことで公共経営論の存在を認めることができます．公共経営においてはその現象を一般化および抽象化するまでに至っておらずに，公共経営学よりも公共経営論の範疇と考えます．これを学術的に高めていく努力は研究者の使命でもありますが，より公共性の強い組織である行政における経営を市民的に分析する必要性があります．この公共経営論と行政経営論の関係においては，複雑多様化していく公共経営に対して単純一元化せざるを得ない行政経営は明らかに矛盾の関係です．この矛盾をどのように緩和していくのかが，市民的行政経営の重要なところです．

　行政的公共性の論理で成り立っている行政からの視点で，市民的公共性による市民事業組織を語れるのかも疑問のあるところです．行政的公共性においては若者の視点が抜けているような感じを持ちます．もちろん，そのようなことはないと行政関係者は言われると思いますが，若者こそが現代の社会的弱者で

あり，それゆえに行政の対象であるとの視点が弱いように感じるのです．少なくともその地域の将来を考えるには，将来にわたって活躍が期待される若者の参加意識が不可欠と思えます．団塊世代とともに若者世代の地域デビューへの仕掛けも大事なところと考えます．

　2003年の地方自治法改正による指定管理者制度について，選考過程にも市民参加を認めることによって市民団体が指定を獲得できるように改定し，指定後の経営についても行政が支援できるような「市民管理者制度」に発展させることが必要と考えています．真の「官から民へ」の民営化とは市民事業経営化のことであって，単純な民間企業経営化ではないと考えています．団塊世代と若者世代が参加できるような仕掛けを考えて，複雑多様化して拡大する公共サービスと単純一元化により縮小している行政サービスとの矛盾を打ち破ることが，共生地域社会構築の第一歩と確信しています．それが可能ならば，極端な話になってしまいますが，自治体そのものも民営化可能と思えます．もちろん，その場合の民営化とは市民事業経営化であることは言うまでもないことでありますが，将来に市役所で仕事をしているのは公務員でなくて，NPOの市民であることなどは夢物語ではありません．

　つまるところ，自治体職員の公務労働とは何かを考えますと，最も重要なところは地域住民に密着したヒューマン・サービスではないかと思えます．地域住民にとってはそこにしか持って行きようのない問題が提起されます．それを地域住民を支援することによって，ともに解決していく過程が了解志向の中身と思えます．了解志向とはお互いを認め合うことです．このような仕事は地域密着型で在宅勤務には馴染めないものと考えられます．昨今の新型コロナウイルス感染防止において，「新しい働き方」が提起されています．その前に，今までの仕事について元に戻すものと，元に戻すことが困難なものとに分ける必要があります．後者についてどうするのかの論議は必要と思えますが，本来元に戻すべきものが「新しい働き方」と一緒に考えられることは危険な発想と思えます．かつての「官から民へ」の短絡的発想のように，民でできなかったために官が担当している公務まで民営化としたことが，「官から無へ」になって様々な地域問題を大きくしていった経緯を忘れてはなりません．公務員の職員力を発揮しなければならないヒューマン・サービスについては，一刻も早く元

に戻してさらに密にしていかなくてはならないものと考えられます．その点を見誤ると，電気洗濯機が女性の家事労働を解放するどころか逆に縛り付けた結果と等しい過ちを犯してしまいます．物理的距離を保ちながら社会的距離を縮めていく努力こそが，今日的課題であり，公務員の職員力の発揮です．

おわりに

　2020年3月13日，新型コロナ特措法（改正新型インフルエンザ等特別措置法）が成立しました．首相が緊急事態宣言を発することによって，当該の知事を通じて私権への制限をも可能にする法律で，現実に4月7日，東京・神奈川・埼玉・千葉・大阪・兵庫・福岡の7都府県に対して発せられました．これは感染症のパンデミックに対して発せられたもので，愛知県や京都府などが追加発令を要請したとのことです．また，協力要請と称する自粛が全国各地で強制されています．モノの流通ではマスクや消毒液の高額転売が社会問題となり，トイレットペーパーやティシュペーパーまでも店頭から一時的に消えました．茨城県は発令地域からの自動車の流入，岩手県にいたっては疎開してくる県外の人を警戒しているとの噂が真実味を帯びました．ヒトの移動も何らかの制限を全国に対して行わなくてはならない状況になり，安倍政権は4月16日に全国の知事要請に応えるという形で日本国全土に緊急事態宣言を発令しました．5月14日には，北海道・埼玉・千葉・東京・神奈川・京都・大阪・兵庫の8都道府県を除いて解除され，5月21日には関西圏の3府県も解除されました．さらに5月25日には全国全面解除となりましたが，当初の延長予定の5月末までは都道府県をまたぐ移動や外出の自粛を呼びかけるとのことです．このように国内においてもヒトとモノの分断が生じましたが，カネは低いところから高いところを求めての流れが強まり，実体経済と乖離した株高などが生じています．また，このままでは第二波警戒のために，国家が国民の安全と安心のためにと称して個人の体温まで管理しかねないフェーズになる危険すら感じています．少なくとも，「命を守る」との命題にはそれに異議を唱えることが不可能な状況です．この本が刊行されるときには，新型コロナウイルス騒ぎが何らかの形で収束していることを願ってやみません．

　確かにこのウイルスは多くの人の尊い生命を奪いました．マスクをしてない者には世間の白い目が注がれました．マスクを買うためには朝一番に薬局に並ばなくてはなりませんでしたが，それでも必ず買えるとは限りませんでした．それはマスクのある者とない者との分断でもありました．マスクが市場に姿を

現すようになって，当然のこととして，そのような投機相場のマスクの値崩れ
が生じました．今や政府が緊急性を意識して国民に配布した「アベノマスク」
は晴天時の雨傘状態となっています．また，高齢者にとっての居場所も閉鎖さ
れ，営業している商業施設にポツンと一人で座っている高齢者を見かけるよう
になりました．さらに，「社会的距離」を求められたために腰をかける椅子な
ども撤去され，向かい合って話をすることも遠慮がちとなりました．これも人
と人との関係性の分断で，この非常時に対する我慢は社会的弱者を直撃しまし
た．一度分断された状況の修復には，かなりの時間を要するものと考えられま
す．振り返って見ても，密閉空間・密接場面・密集場所でメガネやマスクをは
ずし胸襟を開いての人と人との濃厚な関係性が，社会的弱者と言われる人々へ
の市民活動だったと考えられます．あなたの行動は「不要不急」ですと指摘さ
れることは，その人の存在の否定にもつながります．高齢者同士の関係とはパ
ソコンなどのネットで築けるものではありません．まさに，「廃用」と感じさ
せるだけでも生活の質に関する人権問題です．

　これらの緊急事態宣言は一概に否定できるものではありませんが，あくまで
も強者の論理で一貫しているのではないでしょうか．大学においては緊急避難
的に行なわれたと思える遠隔授業が，大学としての設備やシステム向上，さら
に教員のスキル獲得とともに働き方改革と連動して定着しようとしています．
文系での大学の講義はあくまでも対面授業が原則と考えられますが，とりわけ
社会科学研究者ならびに教育者としての矜持を考えなくてはなりません．つま
り，社会科学においては知識やスキルの伝達だけでよいのかです．教員と学生，
さらに学生同士の人間的つながり形成が，卒業後の長い人生を考えれば，この
時期こそ必要なのでないかと思えます．この場合の社会的弱者は教職員ではな
くて学生です．それゆえに経済合理性を前提とした強者の関係修復は円滑に進
められるとしても，一旦途切れた弱者の関係修復にはかなりの時間を要するも
のと考えられます．このコロナ騒ぎの影響をもっとも深刻に受けたのは，人間
であることを前提にした社会合理性の福祉や教育の分野ではなかったでしょう
か．医療の分野では緊急避難的に遠隔診察のようなことが話題となっています
が，一般的に職場での人間的な要素がマシン化されていくことに対して，これ
は「働き方改革」というよりも「働かせ方改革」の範疇での論議ではないかと

感じています．どうしてもその影に見え隠れする経済合理性優先の論理を否定
することはできないようです．

　本著を執筆中に黒田兼一・小越洋之助編『働き方改革と自治体職員』（自治体
研究社）が刊行されました．自治体関係者と研究者との合作であるこの著書に
は興味ある記述が満載されています．たとえば，当たり前の働き方が当たり前
でなくなった経緯などが述べられています．当事者で主権者である市民を「お
客様」に祭り上げた結果の弊害などです．これを見逃しておくと，権力側にと
っての「働きぶり」の評価によって，給料が決定され，最悪の場合には解雇さ
れることもありうる暗い将来的展望です．少なくとも，人員を減らすことによ
って費用削減をした者を評価することだけはやめなくてはなりません．本書で
も取り上げたように，本来はもっと高度化しなければならない必要な仕事を，
スリム化するような首長を改革派として評価することはおかしいのです．それ
にとどまらず，スリム化したようにみえる仕事を数少なくなった自治体職員に
強いるような首長の論理は破綻しています．彼らの主張は「公務員をもっと働
かせます」ということで，公務員と市民の分断を図ることによるポピュリズム
なのです．それは火事を少なくすれば消防署の職員は減らせるという短絡的な
論理で，火事が生じても消火ができないのは失火者の自己責任と言っているよ
うに思えてなりません．

　最後に，出版事情の難しい中で引き受けていただいた晃洋書房丸井清泰氏，
ならびに懇切丁寧に編集をしていただいた山中飛鳥さんに心から感謝の意を表
します．また，本書において参考および引用させていただいた皆様にも，この
場を借りて感謝申し上げます．

〈付記〉

　京都の木屋町通御池の上がったところに京料理「さつき」があって，鴨川の
納涼床のときはかなりの客でにぎわいます．今は若女将が女将ですが，そこの
名物女将の柴田洌子さんから聞いた話ですが，納涼床では詰め込んだり効率的
回転を考える前に，夕立が襲ったときに引き続き楽しんでもらえる部屋を確保
できるかを考えなくてはならないとのことです．逆にいえば，そのグループご
とに宴会を続けてもらえる部屋以上にお客さんの予約を受け付けてはいけない

とのことです．お客さんと話をしていると，すぐに政治的スタンスが読めるとも話されてました．自分はどちらかというと「左巻き」なので話が合うお客さんは大好きとも話されてました．その「左巻き」の意味が少し理解できなかったのですが，来られている客層を考えると，言葉は悪いのですが「労働貴族」と言われるような労働組合幹部や，「進歩的文化人」と考えられている学者先生が贔屓にされていたようです．しばらく顔を見なかったのですが，今年の1月28日に85歳で亡くなられました．今考えてみると，大女将と私は話が合いました．それは大女将が浅学の私に話を合わしてくれていたのかも知れませんが，京都の文化人の底力の源とは大女将のような人が支えているのではないかと考えています．非才の身の私が大学で学生を前にして小難しいことを話せるのも，大女将の励ましのおかげと感じております．謹んでご冥福をお祈り申し上げます．

　　　2020年8月

　　　　　　　　　　　　　　　　　　　　三　宅　正　伸

《著者紹介》

三 宅 正 伸（みやけ　まさのぶ）

　1950年　京都市生まれ
　専　門　人的資源管理論，公共経営論，共生地域社会「まちづくり」論
　経　歴　大阪市立大学商学部卒業，同志社大学商学部卒業，龍谷大学経営
　　　　　学部経営学研究科博士前期課程修了，大阪商業大学大学院地域政
　　　　　策学研究科博士後期課程単位取得退学．元京都市職員（税務・労
　　　　　務・農政・経営指導・保険福祉などに勤務）
　現　在　大阪経済法科大学教授，保護司（西京区）

主要業績

『「新書」から学ぶ公務員の教養力』（単著），晃洋書房，2013年．
『ディーセント・マネジメント研究』（共著），晃洋書房，2015年．
『自治体経営の人的資源管理』（単著），晃洋書房，2016年．
『「新書」から考える公務員の地域創生力』（単著），晃洋書房，2017年．
『社会共生学研究』（共著），晃洋書房，2018年．
「地域デザインの意味」『地域総合研究所紀要』（大阪経済法科大学），11，
　2019年．
「地域産業政策とまちづくり」『地域産業政策研究』4，2020年．
「ヒト，モノ，カネの地域循環」『社会科学研究年報』（龍谷大学），50，
　2020年．

「新書」から気づく
公務員の職員力
——公共の仕事の意味を考える力——

2020年10月20日　初版第1刷発行　　＊定価はカバーに
　　　　　　　　　　　　　　　　　　　表示してあります

　　　　　　　　　　　著　者　三　宅　正　伸©

　　　　　　　　　　　発行者　萩　原　淳　平

　　　　　　　　　　　印刷者　江　戸　孝　典

　　　発行所　株式会社　晃　洋　書　房
　　　〒615-0026　京都市右京区西院北矢掛町7番地
　　　　　　　　電話　075（312）0788番代
　　　　　　　　振替口座　01040-6-32280

装丁　クリエイティブ・コンセプト　　印刷・製本　共同印刷工業㈱
ISBN978-4-7710-3412-9

三宅 正伸
自治体経営の人的資源管理
——福祉専門職における拙速な民営化への警鐘——
A5判 160頁
定価 1,700円（税別）

服部 治・谷内 篤博 編
人 的 資 源 管 理 要 論
A5判 238頁
定価 3,000円（税別）

岩崎 久志 著
ス ト レ ス と と も に 働 く
——事例から考える　こころの健康づくり——
46判 186頁
定価 1,800円（税別）

入江 容子
自 治 体 組 織 の 多 元 的 分 析
——機構改革をめぐる公共性と多様性の模索——
A5判 276頁
定価 3,000円（税別）

濱田 恵三・伊藤 浩平・神戸 一生
地 域 創 生 の 戦 略 と 実 践
A5判 160頁
定価 1,900円（税別）

赤池慎吾・大﨑 優・岡村健志・梶 英樹 編著
地域コーディネーションの実践
——高知大学流地方創生への挑戦——
A5判 204頁
定価 2,800円（税別）

徳田 剛・二階堂裕子・魁生由美子 編著
地方発　外国人住民との地域づくり
——多文化共生の現場から——
A5判 234頁
定価 2,400円（税別）

松田 与理子 著
従業員—組織の関係性とウェルビーイング
——「健康組織」形成の視点から——
A5判 162頁
定価 4,200円（税別）

姜 美香 著
外国人介護労働者の受入れと課題
A5判 218頁
定価 3,600円（税別）

晃 洋 書 房